Xpert.press

Die Reihe **Xpert.press** vermittelt Professionals in den Bereichen Softwareentwicklung, Internettechnologie und IT-Management aktuell und kompetent relevantes Fachwissen über Technologien und Produkte zur Entwicklung und Anwendung moderner Informationstechnologien.

Weitere Bände in dieser Reihe
http://www.springer.com/series/4393

Leonid Nossov • Hanno Ernst • Victor Chupis

Formales SQL-Tuning
für Oracle-Datenbanken

Praktische Effizienz – effiziente Praxis

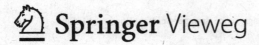
Springer Vieweg

Leonid Nossov
ORACLE Deutschland B.V. & Co. KG
München
Deutschland

Victor Chupis
Vodafone GmbH
Düsseldorf
Deutschland

Hanno Ernst
T-SYSTEMS INTERNATIONAL GMBH
Bamberg
Deutschland

Mit Illustrationen von Anna Nosova

ISSN 1439-5428
Xpert.press
ISBN 978-3-662-45291-2
DOI 10.1007/978-3-662-45292-9

ISBN 978-3-662-45292-9 (eBook)

Die Deutsche Nationalbibliothek verzeichnet diese Publikation in der Deutschen Nationalbibliografie; detaillier-
te bibliografische Daten sind im Internet über http://dnb.d-nb.de abrufbar.

Springer Vieweg
© Springer-Verlag Berlin Heidelberg 2016

Gedruckt auf säurefreiem und chlorfrei gebleichtem Papier

Springer-Verlag Berlin Heidelberg ist Teil der Fachverlagsgruppe Springer Science+Business Media
(www.springer.com)

„Ich weiß, dass ich nichts weiß"
Sokrates

Geleitwort 1

Leonid Nossovs aktuelles Werk beschäftigt sich gezielt mit einem zentralen Aspekt des Performance Tuning für Oracle Datenbanken, der Analyse und Beschleunigung von SQL-Anweisungen. Natürlich bin ich sehr gerne Leonids Bitte nachgekommen, auch für dieses Buch ein paar einleitende Zeilen zu schreiben.

Beim Titel „Formales SQL-Tuning" kann ich mir durchaus vorstellen, dass einige potenzielle Leser erst einmal zurückschrecken. Der Titel klingt doch sehr nach trockener Theorie. Aus meiner Sicht gibt er aber am besten die Natur des vorgestellten Verfahrens wieder. Der Begriff „formales Tuning" kann hier gerne auch als Synonym für ein strukturiertes Vorgehen verstanden werden.

Die Oracle Datenbank stellt in ihrer aktuellen Version ein umfangreiches Arsenal an Analysemöglichkeiten und Werkzeugen zur Verfügung, die das Tuning von SQL-Statements vereinfachen oder sogar automatisieren. Es gibt aber immer wieder Situationen, in denen der Einsatz dieser Möglichkeiten nur eingeschränkt oder eventuell gar nicht möglich ist. Ein Oracler aus dem engeren Kollegenkreis nennt das gerne scherzhaft den Expertenmodus. Wir schauen dabei regelmäßig in ungläubige Gesichter, wenn dieses Vorgehen erstaunliche Laufzeitverbesserungen realisiert. Besagter Kollege hat bei einigen Kunden inzwischen den Titel Dr. SQL erlangt.

Insbesondere wenn schnelles Handeln und hoffentlich positive Ergebnisse erwartet werden, kann der Stresslevel für den DBA sehr stark ansteigen. Ich kenne aus eigener Erfahrung Situationen, in denen der DBA an Bildschirm und Tastatur versuchte, Performanz-Probleme zu bereinigen, während der übrige Raum mit einem Dutzend Personen bis hinauf zur Produktionsleitung gefüllt war. Das in diesem Buch vorgestellte konsequent formale Vorgehen kann in einer solchen Situation der rettende Anker sein.

Leonid und seinen Co-Autoren gelingt es, in den lebendigen Dialogen mit Peter Schmidt, mit dem ich mich als Leser schnell identifizieren kann, hier eher trockene Kost leicht verdaulich zubereitet und appetitlich angerichtet zu servieren. Möglich wird das durch die zahlreichen Beispiele, die das jeweils betrachtete Detail plastisch darstellen und den Leser quasi mit der Nase auf die relevanten Informationen stoßen. Mögliche Lösungen für das diagnostizierte Problem werden gleich mitgeliefert.

Meinen herzlichen Glückwunsch an dich, Leonid. Dir ist ein weiteres tolles Buch gelungen. Und Ihnen als Leser viel Vergnügen beim Lesen und die Muße, das formale SQL-Tuning zu erlernen, um dann in der nächsten kritischen Situation mit diesem Wissen zu glänzen.

München, im August 2015   Martin Gosejacob

Geleitwort 2

Ich muss gestehen, dass ich zum ersten Mal ein Buch von Leonid Nossov „in Händen halte". Mein Kollege Martin hatte mich darauf aufmerksam gemacht, da ich selbst häufig mit Fragen zum SQL-Tuning oder Datenbank-Monitoring konfrontiert werde. SQL-Tuning ist zudem auch „hip" und schon lange ein sehr beliebtes Thema in der Datenbank-Community. Fast jeder, der etwas auf sich hält, schreibt zum Thema SQL-Tuning einen Blogeintrag. Besonders nach Veröffentlichung eines neuen Datenbank-Patches oder gar eine neuen Datenbank-Version kann man feststellen, wie die Informationsmenge im Internet über neue Optimizermethoden und damit verbundene Tipps und Trick zum SQL-Tuning ansteigt.

Daher war ich natürlich besonders neugierig auf das Buch von Leonid und seinen Co-Autoren Victor Chupis und Hanno Ernst, das sich mit dem Titel „Formales SQL-Tuning" von den mir bekannten Artikeln und Büchern stark abhob. Ich konnte mir nicht recht vorstellen, was ich erwarten sollte. Als Mathematikerin war ich natürlich mit formalen Methoden vertraut. Allerdings werden mathematische Methoden häufig als sehr „trocken" und wenig lesenswert für den Nicht-Wissenschaftler angesehen. Umso überraschter war ich über die lockere Art und den leichten Einstieg, den Leonid mit seinem „Frage & Antwort"-Stil in seinem Buch schafft. Schnell und ohne große Mühe kann man sich in die Materie einlesen. Liest man wirklich alle Kapitel – auch die als Anfängerkapitel gekennzeichneten – lernt man sogar, wie Ausführungspläne interpretiert werden. Somit bekommen Datenbankadministratoren und Entwickler, ohne SQL-Tuning-Experte zu sein und ohne große Vorkenntnisse von Datenmodellierung zu besitzen, eine Chance, bei Tuning-Anforderungen selbst erfolgreich „Hand anzulegen". Interessant wird es dann auch, wenn die beiden Co-Autoren Victor Chupis und Hanno Ernst zu Wort kommen. Sie stellen die formale SQL-Tuning-Methode auf den Prüfstand und lösen damit erfolgreich Probleme aus der Praxis.

Insgesamt gelingt es den drei Autoren sehr gut, den Blick für das Wesentliche beim SQL-Tuning zu schärfen. Gewappnet mit der Methode des formalen SQL-Tunings kann man dann auch ganz gelassen weiteren Änderungen in der Datenbank durch neue Optimizer Releases oder durch eigene Applikationsänderungen entgegensehen. Damit wünsche ich allen Lesern viel Spaß mit der vorliegenden Lektüre, die ich selbst nur wärmstens empfehlen kann.

München, den 10. August 2015   Ulrike Schwinn

Vorwort

Als ich das Kapitel „Formales SQL-Tuning" in [1] schrieb, dachte ich nicht, dass es je zu einer Fortsetzung kommt. Die Methode lag, meiner Meinung nach, auf der Hand und war in meinen Augen selbstverständlich. Aus diesem Grund schien mir das erwähnte Kapitel völlig ausreichend für das Verstehen und für das Anwenden der vorgeschlagenen formalen Methode.

Die Praxis zeigte, wie sie es übrigens oft tut, etwas anderes. Erstens: So verbreitet ist diese Methode gar nicht. Zumindest nicht zwischen den Teilnehmern des Workshop für SQL-Tuning, das ich seit einiger Zeit durchführe. Bis jetzt fand ich keinen, der diese Methode vorher kannte, obwohl es genügend erfahrene Spezialisten unter den Teilnehmern gab. Zweitens: So schnell begreifbar ist diese Methode auch nicht. Ich musste mehrere Beispiele und Übungen benutzen, um das formale SQL-Tuning den anderen beibringen zu können. Drittens: Diese Methode erwies sich als sehr effektiv. Ich muss gestehen, dass ich manuelles SQL-Tuning bevorzuge und kein automatisches Verfahren von Oracle benutze. Stattdessen setze ich die besagte Methode ein, bereits jahrelang und immer mit Erfolg. Einige Teilnehmer des Workshop erzählen, dass diese Methode sie auch bereichert hat. Sie hilft ihnen, Performanz-Probleme schnell zu analysieren und zu beseitigen, was mich sehr freut.

Zu meinem Erstaunen fand ich kein Buch, in dem diese Methode beschrieben ist. Möglicherweise übersah ich etwas, möglicherweise vernachlässigen die anderen Autoren dieses einfache Verfahren. Mittlerweile denke ich aber, dass diese Methode ein wichtiger Bestandteil des praktischen SQL-Tunings ist.

Dieser Meinung sind auch zwei ausgezeichnete Datenbankspezialisten: Victor Chupis und Hanno Ernst. So entstand die Idee, dieses Buch gemeinsam zu schreiben. Ich schrieb die Kapitel, in denen das formale SQL-Tuning erläutert wird. Im Unterschied zu [1] wird diese Methode hier wesentlich strukturierter und detaillierter dargestellt. Für uns war es sehr wichtig, die praktischen Erfahrungen in diesem Buch zu präsentieren. Diesen Teil übernahmen Victor Chupis und Hanno Ernst.

Dortmund, den 25. Mai 2015   Leonid Nossov

Inhaltsverzeichnis

Einführung

In diesem Abschnitt beschreiben wir kurz unsere Ziele und den Leserkreis, an den dieses Buch adressiert wird. Um einem potenziellen Leser seine Erwerbsentscheidung zu erleichtern, gibt es hier einen Überblick über das Buch. Den Lesern, die bereits ihr eigenes Exemplar in der Hand halten, hilft dieser Überblick, sich besser im Buch zu orientieren. Mehrere Leute leisteten uns Hilfe beim Schreiben dieses Manuskripts. Selbstverständlich nennen wir hier unsere Helfer und bedanken uns bei ihnen recht herzlich.

Und noch etwas, was wichtig ist. Peter Schmidt, ein Freund von Leonid, begleitete ihn durch sein Buch. Mehrere Kapitel wurden dort in Dialogen mit Peter geschrieben, was das trockene Material etwas schmackhafter für die Leser machte. Seine Fragen, Ergänzungen und Anregungen halfen enorm, ein schwieriges Thema, wie Performance Tuning, verständlicher und leichter für die Leser darzustellen. Mittlerweile sind auch Hanno und Victor mit Peter befreundet. Dies brachte uns auf die Idee, Peter Schmidt wieder einzuladen. Da ihm sein erster Auftritt vor dem Publikum gut gefiel, sagte er zu. Nach dem ersten Buch vertiefte er sein Know-how in Performance Tuning. Jetzt ist SQL-Tuning an der Reihe. Für diejenigen, die Peter noch nicht kennen, stellt er sich hier selber vor:

Peter: „Wie Sie bereits wissen, heiße ich Peter Schmidt. Ich bin immer noch als Datenbankadministrator für Oracle bei einem mittelgroßen Unternehmen tätig. Die Teilnahme am Buch für Performance Tuning erweckte in mir ein großes Interesse für dieses Thema. Ich lernte viel Neues und die schwierigen Zeiten, als ich hilflos vor zwei inperformanten Datenbanken stand, sind längst vorbei. Obwohl ich meine Kenntnisse in SQL-Tuning ebenfalls verbessert habe, sind sie leider bei weitem nicht ausreichend genug. Dies bewog mich, die Rolle von Dr. Watson nochmals auszuprobieren."

© Springer-Verlag Berlin Heidelberg 2016
L. Nossov et al., *Formales SQL-Tuning für Oracle-Datenbanken,* Xpert.press,
DOI 10.1007/978-3-662-45292-9_1

1.1   Ziele und Zielgruppen

Das Hauptziel dieses Buches ist die Popularisierung des formalen SQL-Tunings. Diese Methode verfügt über eine Reihe von Vorteilen:

- Sie ist sehr einfach. Auch die Datenbankspezialisten mit minimalen Kenntnissen in Performance Tuning können dieses Verfahren schnell beherrschen und erfolgreich einsetzen.
- Für erfahrene Spezialisten ermöglicht dieses Verfahren einen strukturierten und gezielten Ansatz, was das SQL-Tuning wesentlich vereinfacht und beschleunigt.
- Die Datenmodellkenntnis ist kein Muss für formales SQL-Tuning. Das Motto des Buches spiegelt (möglicherweise etwas übertrieben) diesen Vorteil wider: „Ich weiß, dass ich nichts weiß." Zumindest nichts vom Datenmodell. Das ist besonders vorteilhaft für die Leute, die oft mit fremden Datenbanken oder Anwendungen zu tun haben.
- Nach einigen einfachen formalen Regeln kann man schnell problematische Schritte im Ausführungsplan erkennen und die passenden Verbesserungsmaßnahmen ergreifen.

Wir, die Autoren, sind fasziniert von dieser Methode. Überlegen Sie, wie oft Sie vor einem SQL-Problem standen und nicht wussten, womit Sie anfangen sollten. Formales SQL-Tuning bietet Ihnen sofort eine Vorgehensweise an, nach der Sie handeln und in der Regel schnell zu einer Problemlösung kommen können.

Viele Bücher für SQL-Tuning beschreiben eigentlich kein Tuning-Verfahren, sondern eher Methoden der effizienten SQL-Programmierung. Dies setzt gute SQL- und Datenmodellkenntnisse voraus. Solche Bücher sind in erster Linie an die Entwickler adressiert, weil sie über diese Kenntnisse verfügen. Mit den Datenbankadministratoren sieht es anders aus. Sie kennen sich in der Regel entweder gar nicht oder schlecht mit dem jeweiligen Datenmodell aus. Ihre SQL-Kenntnisse sind oft ziemlich bescheiden im Vergleich zu den Entwicklern.

Die formale Methode ermöglicht SQL-Tuning auch für die Datenbankadministratoren, da dieses Verfahren keine Datenmodellkenntnisse verlangt. Gute SQL-Kenntnisse sind bei SQL-Tuning immer vom Vorteil. Wenn Sie sich aber nicht perfekt mit SQL auskennen, ist es auch kein großes Hindernis für die erfolgreiche Anwendung des formalen SQL-Tunings, weil die meisten SQL-Probleme in der Praxis mit ziemlich einfachen Mitteln zu beseitigen sind. Aus diesem Grund ist das vorliegende Buch vor allem an die Datenbankadministratoren adressiert.

Jeder der Autoren kann mehrere Beispiele erfolgreicher Anwendung des formalen SQL-Tunings nennen. Nicht selten waren die Autoren sogar effizienter und schneller beim Tuning als die Entwickler. Die Entwickler können also das formale SQL-Tuning als Ergänzung und in einigen Fällen als eine bessere Alternative zu ihren Methoden anwenden.

1.2   Das Buch im Überblick

Dieses Buch ist kein Lehrbuch für SQL-Tuning. Die Autoren versuchen, hier möglichst kurz und verständlich die Idee des formalen SQL-Tunings darzustellen. Bevor wir mit SQL-Tuning anfangen, müssen wir klären, was wir unter SQL-Tuning verstehen, welche Ziele wir dabei verfolgen usw. Dies ist das Thema des Kapitels „Einige Überlegungen zum Begriff ‚SQL-Tuning‘".

Um erfolgreich mit dem formalen Verfahren anzufangen, ist kein tiefgreifendes Wissen in SQL-Tuning notwendig. Dafür reichen Basiskenntnisse aus. Man muss aber unbedingt imstande sein, die Ausführungspläne im Groben zu verstehen, weil man sie beim formalen SQL-Tuning analysieren muss. Am Anfang dachten wir, dass solch eine grobe Vorstellung von Ausführungsplänen für die Datenbankspezialisten selbstverständlich ist. Für die meisten ist das auch so, aber nicht für alle. Beim Durchführen eines Workshops für SQL-Tuning geriet einer von uns in Schwierigkeiten: Die Teilnehmer konnten ihm bei Erklärung sehr einfacher Details nicht folgen. Er versuchte vergeblich, ihr Verständnis durch diverse Umformulierungen und Beispiele zu gewinnen, bis er verstand, dass den Leuten ganz elementare Kenntnisse über die Ausführungspläne fehlten. Um solche Fälle zu vermeiden, entschieden wir, das Kapitel „Minimum minimorum zum Thema ‚Ausführungsplan‘" einzuführen. Wie der Kapitelname verrät, umfasst dieses Kapitel das Allernötigste, um die formale Methode problemlos zu verstehen.

Erfahrene Leser können dieses Kapitel überschlagen. Oder doch durchblättern? Vielleicht finden auch sie etwas Interessantes dort.

Das nächste Kapitel „Ansätze des formalen SQL-Tunings" befasst sich mit der „Philosophie" dieses Verfahrens. Dieses Kapitel beschreibt, ohne tief ins Detail zu gehen, welche Ziele das formale Verfahren verfolgt, worauf es basiert, welche Kriterien es benutzt und wie es durchgeführt wird.

Formales SQL-Tuning besteht aus mehreren Schritten. Der wichtigste davon ist zweifellos die Analyse des Ausführungsplans oder, anders ausgedrückt, die Erkennung der Engpässe im Ausführungsplan. Solch eine Analyse kann man nicht nur beim Tuning der einzelnen SQL-Anweisungen gebrauchen, sondern auch bei anderen Problemen, wie z. B. bei Troubleshooting. Sie kann beispielsweise erfolgreich bei Performanz-Problemen nach einem Release-Wechsel von Oracle eingesetzt werden. Dieser Analyse ist das Kapitel „Engpässe im Ausführungsplan" gewidmet. Wir betrachten dort die Engpässe, welche die meisten praktischen Fälle abdecken, denen man tagtäglich begegnet. Wir grenzen absichtlich diese Fälle auf das Wesentliche ein, damit die Beschreibung transparent für die Leser ist. Die anderen Fälle kann man nach demselben Prinzip analysieren.

Im Kapitel „Vorgehensweise beim formalen SQL-Tuning" wird das formale Verfahren komplett beschrieben.

Einige praktische Erfahrungen sind im Kapitel „Praktische Erfahrungen mit dem formalen SQL-Tuning" zusammengefasst. In diesem Kapitel werden außerdem einige statistische Informationen zu den in der Praxis aufgetretenen Problemklassen präsentiert.

Im Anhang wird an einem Beispiel gezeigt, wie man dasselbe formale Prinzip bei der Analyse der Performanz-Probleme nach einer Oracle-Migration anwenden kann.

1.3 Danksagung

Die Autoren bedanken sich herzlich bei ihren Familien für ihre Geduld und ihr Verständnis.

Wir sind Anna Nosova sehr dankbar für ihre kreativen und humorvollen Illustrationen.

Wir haben uns Musen als weibliche Personen vorgestellt, die um die Autoren herum schwärmen und sie für kreative Leistungen stimulieren. Unsere Muse ist allerdings von einer ganz anderen Sorte. Sie ist männlich und von kräftiger Statur, ist aber eine unerschöpfliche Inspirationsquelle für uns. Vielen Dank an Peter Schmidt!

Leonid Nossov spricht einen besonderen Dank Wolfgang Müller für seine ständige Unterstützung und Motivation aus.

Einige Überlegungen zum Begriff „SQL-Tuning"

2

Bevor wir richtig zur Sache kommen, ist es sinnvoll zu klären, was wir unter SQL-Tuning verstehen. Das tun wir in diesem Kapitel.

2.1 SQL-Tuning: Definition und Ziele

Peter: „Das ist doch klar, was SQL-Tuning ist."

Autor: „Könntest du bitte deine Definition geben."

P.: „SQL-Tuning ist ein Prozess, der die Ausführungspläne bestmöglich optimiert."

A.: „Was verstehst du denn unter der Optimierung?"

P.: „Natürlich Reduzierung der Laufzeit der jeweiligen SQL-Anweisung."

A.: „So selbstverständlich ist das nicht. Wenn mehrere Prozesse gleichzeitig eine SQL-Anweisung ausführen und um gewisse Datenbankressourcen konkurrieren, kann man sich in einigen Situationen für einen nicht optimalen Ausführungsplan entscheiden. Somit verschlechtert sich die Laufzeit einer Ausführung, aber die Wartezeit wegen der Konkurrenz sinkt, sodass sich die Gesamtlaufzeit der konkurrierenden Prozesse verbessert."

P.: „Wenn das die einzige Bemerkung ist … "

A.: „Wesentlich weniger gefällt mir deine bestmögliche Optimierung."

P.: „Warum?"

A.: „Aus mehreren Gründen. Erstens ist dieses Kriterium nicht notwendig für das SQL-Tuning. Es reicht vollkommen eine akzeptable Performanz aus, welche mit SQL-Tuning erreicht wird. Deine Definition lockt dich in eine Falle: Häufig weiß man nicht, was die bestmögliche Optimierung ist. Dementsprechend weiß man nicht, ob der Tuning-Prozess beendet ist oder nicht. Außerdem: Das, was auf einem System optimal

© Springer-Verlag Berlin Heidelberg 2016
L. Nossov et al., *Formales SQL-Tuning für Oracle-Datenbanken,* Xpert.press,
DOI 10.1007/978-3-662-45292-9_2

ist, kann auf einem anderen nicht optimal sein. Die Definition muss sich also auf ein bestimmtes System beziehen."

P.: „Du hast meine Definition komplett ruiniert."

A.: „Warte, Peter. Ich bin noch nicht fertig. Wir müssen noch sagen, dass wir in diesem Buch unter SQL-Tuning das Tuning der einzelnen SQL-Anweisungen verstehen."

P.: „Ist das nicht selbstverständlich?"

A.: „Nein. Stelle dir vor, dass dein System nach einer Oracle-Migration inperformant geworden ist. In diesem Fall hilft das Tuning der einzelnen SQL-Anweisungen nicht, weil das normalerweise zu viele sind. Man muss also nach einem Grund (oft nach einem Optimizer-Feature) suchen, der das Problem verursacht. Das ist ein anderer Prozess, obwohl man ein ähnliches Prinzip wie bei dem formalen SQL-Tuning bei dieser Analyse gebrauchen kann (s. das Beispiel im ▶ Anhang)."

P.: „Könntest du bitte definieren, was du unter SQL-Tuning verstehst. Die Kritik muss doch konstruktiv sein."

A.: „Bevor ich das tue, möchte ich noch einen Aspekt des SQL-Tunings erwähnen. Die Verbesserungsmaßnahmen für einen Ausführungsplan dürfen keine anderen verschlechtern. Dies kann bei akuten Performanz-Problemen besonders kritisch sein, bei denen man keine Zeit für das Testen der Verbesserungsmaßnahmen hat. Jetzt kann ich formulieren: Unter SQL-Tuning verstehen wir einen Prozess, bei dem eine akzeptable Performanz einer SQL-Anweisung auf einem System erreicht wird. Verbesserungsmaßnahmen für eine SQL-Anweisung dürfen dabei keine anderen beeinträchtigen. Wir fangen direkt mit einer inperformanten SQL-Anweisung an. Wie man an die problematischen SQL-Anweisungen kommt, wird ausführlich in [1] erklärt."

2.2   SQL-Tuner

Es gibt drei Parteien, die SQL-Tuning durchführen: Oracle, Entwickler und Datenbankadministrator. In diesem Abschnitt besprechen wir kurz, wie jeder von diesen SQL-Tunern das tut.

2.2.1   Oracle

Peter: „Macht Oracle SQL-Tuning? Das ist neu für mich."

Autor: „Der Optimizer von Oracle erstellt performante Ausführungspläne und erleichtert somit enorm das Leben der anderen zwei SQL-Tuner."

P.: „In meinen Augen ist das kein SQL-Tuning. Wir sind uns doch einig, dass das SQL-Tuning für eine Verbesserung der inperformanten Ausführungspläne zuständig ist."

A.: „Der Optimizer wird immer mehr mit Elementen des automatischen Tunings bereichert."

P.: „Was meinst du damit genau?"

A.: „Zum Beispiel das Feature Statistics Feedback (Cardinality Feedback in Oracle 10 und 11). Das ist ein Teil der automatischen Reoptimierung (automatic reoptimization) in 12c. Wenn Oracle merkt, dass die reale Kardinalität bei der ersten Ausführung weit von seiner Schätzung liegt, berechnet der Optimizer einen neuen Ausführungsplan, in dem die bei der ersten Ausführung gewonnene Kardinalität berücksichtigt wird, und wendet diesen Plan bei der nächsten Ausführung an. Ziehen wir noch ein Feature in Betracht: Adaptive Plans. Zur Ausführungszeit entscheidet Oracle, welche Join-Methode (Nested Loop oder Hash) am besten anzuwenden ist."

P.: „Das sind lediglich einige Elemente von SQL-Tuning."

A.: „Bei Oracle gibt es noch SQL-Tuning-Advisor. Dieser Advisor kann in zwei Modi funktionieren: Im automatischen und im manuellen. Beim Tuning macht Oracle einige Verbesserungsvorschläge (z. B. zu Zugriffspfaden), ermittelt Statistiken, die spezifisch für die jeweiligen SQL-Anweisungen sind (sprich: für die jeweiligen Prädikate), und speichert diese Statistiken in Form von Optimizer-Hints in einem SQL-Profile ab. Diese Statistiken stellen Anpassungen oder Korrekturen der Optimizer-Schätzungen im jeweiligen Ausführungsplan dar. SQL-Profiles haben wir bereits ziemlich ausführlich in [1] besprochen. Ich vermute, du hast das vergessen."

P.: „Ich habe das tatsächlich vergessen. Ich nehme meine Einwände zurück: Oracle macht SQL-Tuning. Kannst du etwas zur Qualität dieses Tunings sagen?"

A.: „Die Qualität des automatischen SQL-Tunings ist in Oracle 11 und 12 merkbar angestiegen. Das grundlegende Prinzip der Ermittlung von spezifischen Statistiken ist absolut richtig und effektiv. Es ist kein Wunder, dass dasselbe Prinzip in einigen anderen Methoden vom SQL-Tuning benutzt wird (z. B. in [4])."

P.: „Wofür sind solche Methoden gut? Oracle hat das ja bereits implementiert."

A.: „Diese Methoden sind dem automatischen SQL-Tuning von Oracle ähnlich, aber nicht identisch damit. Man darf auch nicht vergessen, dass das automatische SQL-Tuning von Oracle lizenzpflichtig ist. Die jeweiligen Methoden kann man beispielsweise einsetzen, wenn man keine Tuning-Pack-Lizenz hat."

P.: „Wenn solche Methoden so gut sind, wofür braucht man noch das formale SQL-Tuning?"

A.: „Ich kann ein paar Gründe nennen. Erstens hat jede Methode ihre Nachteile und muss nicht immer helfen. Zweitens kann die Ermittlung der spezifischen Optimizer-Statistiken unakzeptabel lange dauern (z. B. im Fall eines Join von vielen großen Tabellen). Unserer Meinung nach kann man solche Ermittlungen vermeiden, falls die Laufzeitstatistiken im Ausführungsplan bereits zur Verfügung stehen. Dies erspart viel Zeit. Es gibt noch einen Grund. Das formale SQL-Tuning ist sehr einfach. Die Analyse der Laufzeitstatistiken im Ausführungsplan basiert auf einigen einfachen Regeln und kann von jedem Entwickler oder Datenbankadministrator durchgeführt werden. Aus diesen Gründen bahnen wir unseren eigenen Weg in das SQL-Tuning (Abb. 2.1)."

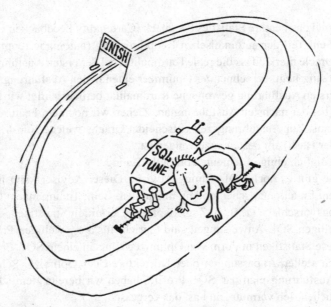

Abb. 2.1 Verschiedene Wege – dasselbe Ziel

2.2.2 Entwickler

Autor: „Ein Entwickler hat sehr gute Voraussetzungen für erfolgreiches SQL-Tuning. Er
   kennt sich mit dem jeweiligen Datenmodell aus und weiß häufig sofort, wie ein per-
   formanter Ausführungsplan aussehen soll. Wenn das Tuning eine Umformulierung der
   SQL-Anweisung verlangt, ist das für ihn auch kein großes Problem, weil er normalerweise über umfangreiche SQL-Kenntnisse verfügt."

Peter: „Hier bin ich absolut deiner Meinung. Deswegen wende ich mich oft an die Entwickler, wenn eine SQL-Anweisung inperformant läuft."

A.: „Bedeutet das, dass du gar nicht versuchst, selbst das Problem zu lösen?"

P.: „Meine Kenntnisse im SQL-Tuning reichen dafür meistens nicht aus. Außerdem bin ich
   der Meinung, dass SQL-Tuning eigentlich zu den Aufgaben von Entwicklern gehört."

A.: „Du bist also sicher, dass ein Entwickler wesentlich besser als ein Datenbankadministrator das SQL-Tuning anwenden kann."

P.: „So ist meine Meinung."

A.: „Dann versuche ich, deine Meinung zu ändern. In diesem Abschnitt zeige ich einige
   Nachteile vom Entwickler als SQL-Tuner. Im nächsten erkläre ich, warum ein Datenbankadministrator auch erfolgreich im SQL-Tuning sein kann."

P.: „Welche Nachteile meinst du? Du hast doch selber gesagt, dass ein Entwickler sehr
   gute Karten beim SQL-Tuning hat."

A.: „Wenn kein Entwickler in Greifweite ist, nützt dir das nichts. Was machst du in so
   einer Situation?"

P.: „Ich stecke dann in Schwierigkeiten. Das ist aber kein Nachteil für den Entwickler."

A.: „Je nachdem, wie man das betrachtet. Ein Entwickler muss dir ständig für das SQL-Tuning bereit stehen. Das ist nicht immer der Fall."

P.: „Das ist mir klar. Ich hoffe aber, dass du noch ein paar Nachteile nennen kannst."

A.: „Stelle dir vor, dass eine Software, welche für relativ kleine Firmen entwickelt wurde, bei einer großen Firma eingesetzt wird. In diesem Fall unterscheiden sich das Datenvolumen und die Datenverteilung vom Standard, an den ein Entwickler gewöhnt ist. Dann sind seine Vorteile beim SQL-Tuning zumindest zum Teil weg. Ich habe mehrmals erlebt, dass ein Entwickler mit solch einer Situation Probleme hatte. Es wurde dann auf angebliche Engpässe der Hardware oder eine falsche Parametrisierung der Datenbank verwiesen. Als ein Datenbankadministrator hinzugezogen und die Sache genauer analysiert wurde, stellten sich trotzdem Probleme im SQL-Bereich heraus."

P.: „Das habe ich auch erlebt."

A.: „Ein Entwickler neigt nicht selten zu unnötigen Änderungen am SQL-Text beim SQL-Tuning."

P.: „Ist das schlecht?"

A.: „Wenn ein Performanz-Problem akut ist, muss es möglichst schnell behoben werden. Für eine Programmänderung benötigt man aus organisatorischen Gründen in der Regel einige Tage. Diese Tage musst du als Verantwortlicher für die jeweilige Datenbank irgendwie überleben."

P.: „Wie soll denn das SQL-Tuning praktiziert werden?"

A.: „Das erkläre ich gleich im nächsten Abschnitt."

2.2.3 Datenbankadministrator

Autor: „Ich höre immer wieder, dass kein SQL-Tuning ohne Datenmodellkenntnis möglich ist. Leider ist diese Meinung sehr verbreitet. Was denkst du dazu, Peter?"

Peter: „Na ja, einiges über das Datenmodell muss man schon wissen."

A.: „Ich bin hingegen sicher, dass das nicht notwendig ist. Das formale Verfahren, das wir in diesem Buch beschreiben, setzt keine Datenmodellkenntnisse voraus."

P.: „Das kann ich mir kaum vorstellen."

A.: „In der Praxis sehe ich oft, dass die Datenbankadministratoren sehr gern das SQL-Tuning den Entwicklern überlassen, weil sie fest überzeugt sind, dass sie selbst keine Chance beim SQL-Tuning haben. Die Entwickler haben ihrerseits nichts dagegen, wenn die Datenbankadministratoren diese Aufgabe übernehmen (Abb. 2.2)."

P.: „Wer soll denn das SQL-Tuning durchführen?"

A.: „Der Datenbankadministrator ist verantwortlich für die Datenbank. Es liegt also in erster Linie in seinem Interesse, dass die Datenbank performant läuft."

P.: „Du denkst also, dass der Datenbankadministrator das SQL-Tuning übernehmen soll."

A.: „Der Datenbankadministrator soll mit dem SQL-Tuning anfangen. Das ist besonders wichtig, wenn keine Entwickler zu erreichen sind oder das jeweilige Performanz-Pro-

Abb. 2.2 Erst nach Ihnen

blem akut ist. Das formale SQL-Tuning ermöglicht ihm diese Aufgabe. In den meisten Fällen kann er erfolgreich allein das SQL-Tuning zu Ende bringen. Nur sehr selten geht es ohne Entwickler nicht."

P.: „Wann denn?"

A.: „Falls man zwecks Tuning die SQL-Anweisung ändern muss. Es ist auch möglich, dass das Datenmodell für die jeweilige SQL-Anweisung so ungünstig ist, dass sie kaum zu tunen ist. In diesem Fall muss man entweder das Datenmodell ändern oder die jeweilige SQL-Anweisung komplett umschreiben. Dafür ist ein Entwickler notwendig."

P.: „Ich muss mich mit diesem Gedanken abfinden, was mir noch schwer fällt. Der Datenbankadministrator ist doch im Vergleich zum Entwickler sehr benachteiligt, was das SQL-Tuning angeht."

A.: „Welche Nachteile außer fehlenden Datenmodellkenntnissen, welche gar nicht notwendig für das SQL-Tuning sind, kannst du noch nennen?"

P.: „Ein durchschnittlicher Datenbankadministrator ist nicht sehr gewandt in SQL. Er ist imstande, lediglich einfache SQL-Anweisungen zu programmieren."

A.: „Oft ist das vollkommen ausreichend, weil man in den meisten Fällen ohne Änderungen an der SQL-Anweisung tunen kann."

P.: „Wie ist das möglich?"

A.: „Das besprechen wir im Abschnitt „Die Richtlinie: Tuning möglichst ohne Änderungen der SQL-Anweisung". Ich glaube, wir haben genug über den Begriff „SQL-Tuning" diskutiert. Fangen wir jetzt mit dem formalen SQL-Tuning an. Zunächst muss ich aber einiges über Ausführungspläne erzählen."

Minimum minimorum zum Thema „Ausführungsplan" 3

3.1 Können Sie Ausführungspläne lesen?

Stellen Sie sich diese Frage. Wenn Sie das nicht können oder nicht sicher sind und mit der Antwort zögern, ist dieses Kapitel für Sie.

Es verfolgt ein einziges Ziel: Vermittlung der minimalen Kenntnisse über den Ausführungsplan, welche Ihnen das Lesen dieses Buches ermöglicht. In dieser Hinsicht kann man das vorliegende Kapitel als Einstieg ins Thema „Ausführungsplan" betrachten. Andererseits sind diese minimalen Kenntnisse ausreichend, um die Methode des formalen SQL-Tunings zu beherrschen.

3.2 Einige wichtige Details

Stellen Sie sich vor: Ein Ausführungsplan liegt vor Ihnen. Was sehen Sie dort? Welche Informationen davon können für das SQL-Tuning nützlich sein? Wie kann man sie konkret gebrauchen? Fragen wir danach unseren Helfer Peter Schmidt.

Autor: „Peter, wie gut bist du damit vertraut?"

Peter: „Ich denke, das Wort ‚einigermaßen' passt dazu am besten."

A.: „Dann versuchen wir gemeinsam, deinen Kenntnisstand zu verbessern. Wie visualisierst du Ausführungspläne?"

P.: „Normalerweise benutze ich dafür das Package DBMS_XPLAN. Ich möchte aber eine Frage stellen. Du redest vom Ausführungsplan. Ist Explain Plan für uns gar nicht interessant?"

A.: „Doch. Er spielt aber eine untergeordnete Rolle, weil sich die beiden Pläne oft voneinander unterscheiden. Wir müssen also mit einem Ausführungsplan beim SQL-Tu-

© Springer-Verlag Berlin Heidelberg 2016
L. Nossov et al., *Formales SQL-Tuning für Oracle-Datenbanken,* Xpert.press,
DOI 10.1007/978-3-662-45292-9_3

ning anfangen. Mit der Funktion DBMS_XPLAN.DISPLAY_CURSOR ermittelt man
Ausführungspläne für Cursor aus der SQL-Area. Dafür kann man beispielsweise die
folgende SQL-Anweisung gebrauchen:

```
select plan_table_output from table
(sys.dbms_xplan.display_cursor(sql_id=><sql_id>,cursor_child_no=><child_number>,format=>'ADVANCED
'));
```

sql_id und child_number des jeweiligen Cursors befinden sich in der View V$SQL.
Falls du einen Ausführungsplan der eben ausgeführten SQL-Anweisung ermitteln möchtest, kannst du zunächst diese SQL-Anweisung und danach das folgende Kommando
ausführen:

```
select plan_table_output from table (sys.dbms_xplan.display_cursor('','','ADVANCED'));
```

Nehmen wir die Ausgabe dieser Funktion als Basis für unsere kleine Recherche des Ausführungsplans, weil sie ziemlich vollständig ist und praktisch alle für das SQL-Tuning
nützlichen Details enthält. Mit dem Argument FORMAT kann man u. a. die Ausgabe
einzelner Abschnitte des Ausführungsplans festlegen. Der Wert ‚ADVANCED' bewirkt
die Ausgabe aller Abschnitte. Das haben wir mit dir bereits in [1] diskutiert. Ich schlage
vor, dass wir mit diesen Abschnitten anfangen und die wichtigsten davon besprechen."

3.2.1   Abschnitte im Ausführungsplan

3.2.1.1   Plan
Autor: „Das ist der erste Abschnitt. Was siehst du dort, Peter?"
Peter: „Ich dachte, der erste Abschnitt ist der SQL-Text."
A.: „Du hast natürlich Recht. Ein nicht formatierter SQL-Text ist für uns aber nicht sehr
wichtig. Fangen wir doch mit dem Plan an."
P.: „Na gut. In diesem Abschnitt ist der Ausführungsplan selbst dargestellt."
A.: „Wie du siehst, ist das eine tabellarische Darstellung. Die Spalte ‚Operation' enthält
die jeweiligen Operationen oder Ausführungsplanschritte, wie z. B. ‚Index Range Scan'
oder ‚Table Access Full'. Diese Schritte sind durchnummeriert (s. die Spalte ‚Id'). "
P.: „Einige Operationen sind nach rechts eingerückt."
A.: „Ja, weil der Plan hierarchisch ist und entsprechend dargestellt wird. Eine Operation
A (beispielsweise ‚Index Range Scan') ist der anderen Operation B (beispielsweise
‚Table Access by Index Rowid') untergeordnet, wenn sie unter B im Ausführungsplan
liegt, weiter nach rechts eingerückt ist und keine Operation zwischen A und B existiert,
die gleich B nach rechts eingerückt ist."
P.: „Inwiefern ist diese Hierarchie für das SQL-Tuning wichtig?"
A.: „Sie bestimmt die Operationsreihenfolge im Ausführungsplan:

No	Id	Operation	Name
03	0	SELECT STATEMENT	
02	1	TABLE ACCESS BY INDEX ROWID	T1
01	* 2	INDEX RANGE SCAN	I_T1

Abb. 3.1 Operationsreihenfolge beim Tabellenzugriff über einen Index Range Scan

No	Id	Operation	Name
	0	SELECT STATEMENT	
	...	...	
14	10	NESTED LOOPS OUTER	
11	11	NESTED LOOPS OUTER	
08	12	NESTED LOOPS	
05	13	NESTED LOOPS	
02	* 14	TABLE ACCESS BY INDEX ROWID	PICKLISTEN
01	* 15	INDEX RANGE SCAN	PIL_PK
04	16	TABLE ACCESS BY INDEX ROWID	PICKRUND
03	* 17	INDEX RANGE SCAN	PR_PL_FK_I
07	18	TABLE ACCESS BY INDEX ROWID	PICKAUF
06	* 19	INDEX RANGE SCAN	PI_PR_FK_I
10	* 20	TABLE ACCESS BY INDEX ROWID	QUANTEN
09	* 21	INDEX RANGE SCAN	QT_LE1_FK_I
13	* 22	TABLE ACCESS BY INDEX ROWID	PRUEFGRUENDE
12	* 23	INDEX RANGE SCAN	PG_NR_LE_I
	...	...	

Abb. 3.2 Operationsreihenfolge im Join

- Wenn zwei Operationen gleich nach rechts eingerückt und derselben Operation untergeordnet sind, wird zunächst die obere ausgeführt. Man kann also sagen, dass die Operationsreihenfolge von oben nach unten geht.
- Wenn einer Operation eine andere untergeordnet ist, wird zunächst die untergeordnete ausgeführt. Da die untergeordnete Operation weiter nach rechts eingerückt ist, geht die Operationsreihenfolge in diesem Fall von rechts nach links.

Wenden wir diese Regeln zunächst an einem einfachen Beispiel an (Abb. 3.1). Fangen wir mit dem Schritt 0 an. Das ist der Select selber. Dieser Operation ist ‚Table Access by Index Rowid' untergeordnet, der ihrerseits die Operation ‚Index Range Scan' unterliegt. Da der letzten Operation keine andere untergeordnet ist, wird sie zunächst ausgeführt."

P.: „Man fängt also mit einer Operation an, die am weitersten nach rechts eingerückt ist."
A.: „Ja, ganz nach der Regel ‚von rechts nach links'. Die Operationsreihenfolge in unserem Beispiel (im nächsten übrigens auch) kann man in der Spalte ‚No' verfolgen. In Abb. 3.2 ist die Operationsreihenfolge in einem Join dargestellt. Peter, kannst du diese Reihenfolge nachvollziehen?"
P.: „Wenn man 2 Regeln ‚von oben nach unten' und ‚von rechts nach links' miteinander kombiniert, kommt man auf die Reihenfolge. Werden diese Regeln immer eingehalten?"

```
SQL_ID  bvasuua44pqnu, child number 0
-----------------------------------
select (select max(b) from t2 where t2.a=t1.a) b, (select max(a) from
t2 where t2.b=t1.b) a from t1, t2 where t1.a=t2.a

Plan hash value: 970360602
```

Id	Operation	Name	Rows	Bytes	Cost (%CPU)	Time
0	SELECT STATEMENT				5 (100)	
1	SORT AGGREGATE		1	26		
* 2	TABLE ACCESS FULL	T2	1	26	2 (0)	00:00:01
3	SORT AGGREGATE		1	26		
* 4	TABLE ACCESS FULL	T2	1	26	2 (0)	00:00:01
* 5	HASH JOIN		3	117	5 (20)	00:00:01
6	TABLE ACCESS FULL	T1	3	78	2 (0)	00:00:01
7	TABLE ACCESS FULL	T2	3	39	2 (0)	00:00:01

Abb. 3.3 Operationsreihenfolge im Ausführungsplan. (Eine Ausnahme aus der Regel)

A.: „Eine Ausnahme kannst du beispielsweise in [2] finden. Wir haben dieses Beispiel leicht verändert und im Abschnitt ‚Laufzeitstatistiken' platziert. Ein zweites Beispiel mit Scalar Subquery Expressions ist in Abb. 3.3 dargestellt."

P.: „Ich bin nicht sicher, dass ich dieses Beispiel richtig verstehe."

A.: „Ganz oben in diesem Ausführungsplan stehen zwei Subqueries aus der Tabelle T2. Laut der Regel ‚von oben nach unten' müssen sie zunächst ausgeführt werden. Das ist aber unmöglich, weil sie mit der Hauptanfrage korrelieren. Sie müssen also erst nach dem ‚Hash Join' (dem Ausführungsplanschritt 5) ausgeführt werden."

P.: „Ehrlich gesagt bin ich jetzt etwas verunsichert, was diese Regel angeht."

A.: „Normalerweise stimmt sie (einige Ausnahmen stellen keine großen Probleme dar). Ich kenne übrigens keine Ausnahmen von der Regel ‚von rechts nach links'."

P.: „Wenn ein Ausführungsplan komplex ist, ist es nicht so einfach zu erkennen, wie weit eine Operation nach rechts eingerückt ist."

A.: „Ja, so ist es. Gäbe es eine zusätzliche Spalte ‚LEVEL' für einen nummerischen Einrückungsgrad in der Ausgabe von DBMS_XPLAN.DISPLAY_CURSOR, wäre das wesentlich einfacher gewesen. Kehren wir aber zurück zur Darstellung des Ausführungsplans. Die nächste Spalte dort ist ‚NAME'. Diese Spalte enthält Objekt-Namen zu den jeweiligen Operationen. Für ‚Table Access by Index Rowid' findet man dort beispielsweise den jeweiligen Tabellennamen und einen Index-Namen für ‚Index Range Scan'. Ferner gibt es dort Spalten, die für Operationen auf partitionierten Objekten, für parallele Operationen und für Operationen auf entfernten Datenbanken relevant sind. Wir verweisen auf einige dieser Spalten in den Beispielen. Die restlichen Spalten enthalten Optimizer-Kosten, Optimizer-Schätzungen und Laufzeitstatistiken, die im weiteren Text beschrieben werden. Wir haben beinahe den Plan-Hashwert (plan hash value) zu erwähnen vergessen. Peter, erinnerst du dich noch, wie man diesen Wert beim SQL-Tuning gebrauchen kann?"

P.: „Man kann diesen Wert für den Vergleich der Ausführungspläne nutzen. Wenn Ausführungspläne unterschiedliche Hashwerte haben, sind sie auch unterschiedlich. Wenn die Hashwerte gleich sind, sind die jeweiligen Pläne mit einer hohen Wahrscheinlichkeit identisch."

3.2.1.2   Query Block Name/Object Alias

Autor: „Im nächsten Abschnitt des Ausführungsplans werden die Namen von Query-Blöcken und die Aliases der Objekte aufgelistet. Man kann mit dem Hint QB_NA-ME(<Block-Name>) Query-Blöcke benennen. Wenn man das nicht tut, generiert Oracle diese Namen automatisch. Die Informationen aus diesem Abschnitt kann man für Optimizer-Hints gebrauchen. Wie man mit Optimizer-Hints umgeht, ist ausführlich in [1] erklärt. Hier zeigen wir das an einem kleinen Beispiel. Nehmen wir dafür den jeweiligen Abschnitt des Ausführungsplans in Abb. 3.3:"

```
Query Block Name / Object Alias (identified by operation id):
-------------------------------------------------------------
  1 - SEL$2
  2 - SEL$2 / T2@SEL$2
  3 - SEL$3
  4 - SEL$3 / T2@SEL$3
  5 - SEL$1
  6 - SEL$1 / T1@SEL$1
  7 - SEL$1 / T2@SEL$1
```

Peter: „Können wir bitte gemeinsam diese Liste durchgehen."

A.: „Der erste Query-Block von oben ist SEL$2. Er entspricht dem Ausführungsplanschritt 1. SEL$2 ist also das erste Subquery und T2@SEL$2 ist der Alias der Tabelle T2 in dieser Subquery. Genauso ist der Query-Block SEL$3 das zweite Subquery und T2@SEL$3 ist der Alias der Tabelle T2 in dieser Subquery. Der Query-Block SEL$1 ist der Hash Join (also die Hauptanfrage). T1@SEL$1 und T2@SEL$1 sind entsprechend die Aliases der Tabellen T1 und T2. Peter, probiere bitte, diese Informationen zu nutzen, um die Operationsreihenfolge in diesem Join zu ändern."

P.: „Dafür würde ich das Hint LEADING einsetzen. Wenn ich mich nicht irre, soll das Hint so aussehen: LEADING(@SEL$1 T2@SEL$1 T1@SEL$1)."

A.: „Eine direkte Überprüfung zeigt, dass du recht hast (Abb. 3.4)."

```
SQL_ID  c1bwsfup22scs, child number 0
-------------------------------------
select /*+ LEADING(@SEL$1 T2@SEL$1 T1@SEL$1) */ (select max(b) from t2
where t2.a=t1.a) b, (select max(a) from t2 where t2.b=t1.b) a from t1,
t2 where t1.a=t2.a

Plan hash value: 4105034908
```

Id	Operation	Name	Rows	Bytes	Cost (%CPU)	Time
0	SELECT STATEMENT				5 (100)	
1	SORT AGGREGATE		1	26		
* 2	TABLE ACCESS FULL	T2	1	26	2 (0)	00:00:01
3	SORT AGGREGATE		1	26		
* 4	TABLE ACCESS FULL	T2	1	26	2 (0)	00:00:01
* 5	HASH JOIN		3	117	5 (20)	00:00:01
6	TABLE ACCESS FULL	T2	3	39	2 (0)	00:00:01
7	TABLE ACCESS FULL	T1	3	78	2 (0)	00:00:01

Abb. 3.4 Query-Block-Namen und Tabellen-Aliases kann man für die Hints gebrauchen

P.: „Wofür brauchen wir eigentlich den Query-Block-Namen in diesem Hint?"

A.: „Die Alternative wäre, das Hint ohne Query-Block-Namen im jeweiligen Query-Block zu setzen. In diesem Fall ist es einfach, weil die SQL-Anweisung klein und übersichtlich ist. In einer komplexen SQL-Anweisung ist es wesentlich schwieriger, den richtigen Query-Block zu finden. Benutzung der Query-Block-Namen erübrigt das in solchen Fällen."

P.: „Braucht man die Informationen über die Aliases aus diesem Abschnitt des Ausführungsplans ausschließlich für die Nutzung in Optimizer-Hints?"

A.: „Mit diesen Informationen kann man leichter Prädikate, welche wir noch im Abschnitt ,Predicate Information' besprechen, den jeweiligen Tabellen zuordnen. Im Abschnitt ,Ein nicht selektiver Index' wird es uns bei der Analyse eines Ausführungsplans helfen."

3.2.1.3   Outline Data

Autor: „Der Abschnitt ,Outline Data' enthält spezielle Optimizer-Hints (Outlines), die Oracle für das Fixieren des jeweiligen Ausführungsplans generiert. Outlines können beispielsweise so aussehen:"

```
/*+
      BEGIN_OUTLINE_DATA
      IGNORE_OPTIM_EMBEDDED_HINTS
      OPTIMIZER_FEATURES_ENABLE('11.2.0.3')
      DB_VERSION('11.2.0.3')
      ALL_ROWS
      OUTLINE_LEAF(@"SEL$2")
      OUTLINE_LEAF(@"SEL$3")
      OUTLINE_LEAF(@"SEL$1")
      FULL(@"SEL$1" "T1"@"SEL$1")
      INDEX_RS_ASC(@"SEL$3" "T3"@"SEL$3" ("T3"."A"))
      INDEX_RS_ASC(@"SEL$2" "T2"@"SEL$2" ("T2"."A"))
      END_OUTLINE_DATA
 */
```

Peter: „Man kann diese Outlines als Optimizer-Hints in eine SQL-Anweisung eintragen und somit den jeweiligen Ausführungsplan fixieren. Richtig?"

A.: „Grundsätzlich stimmt das. Man muss aber mit parallelen Operationen aufpassen, weil Oracle normalerweise keine Outlines für sie generiert. In diesem Fall muss man die Outlines mit den jeweiligen parallelen Hints vervollständigen."

P.: „In [1] haben wir bereits gelernt, dass man die Outlines entweder als gespeicherte Outlines (stored outlines) anlegen oder in einem SQL-Profile abspeichern kann. Kann man die Outlines irgendwie sonst für das SQL-Tuning gebrauchen?"

A.: „Zunächst möchte ich darauf verweisen, dass die gespeicherten Outlines in 12c nicht mehr unterstützt werden. Du kannst die Outlines aus dem Abschnitt ,Outline Data' als Muster für deine eigenen Hints benutzen. Das hilft besonders, wenn du die Outlines nur leicht zu ändern brauchst. Outlines kann man in Ausführungsplänen der Cursor sowohl aus der SQL-Area als auch aus dem AWR ermitteln. Sie fehlen aber in Statspack."

3.2.1.4   Peeked Binds

Autor: „In diesem Abschnitt werden Bind-Werte ausgegeben, welche beim Bind Peeking benutzt wurden. Das Konzept von Bind Peeking haben wir mit dir detailliert in [1] besprochen."

Peter: „Ja, das sind Werte, die Oracle bei dem Erstellen des jeweiligen Ausführungsplans berücksichtigte. Sind sie auch beim SQL-Tuning von Interesse?"

A.: „Natürlich. Zumindest als eine Quelle der Bind-Werte. Dazu kommen wir noch im Abschnitt ‚Die Handlungsweise: Ein iterativer Prozess'. Ein Beispiel der ‚Peeked Binds' folgt unten (1 ist die Nummer bzw. der Name der Bind-Variablen):

```
Peeked Binds (identified by position):
----------------------------------------

   1 - (NUMBER): 1300
```

Bind-Werte kann man auch in Ausführungsplänen aus dem AWR ermitteln. In Statspack fehlen sie."

3.2.1.5   Predicate Information

Autor: „Dieser Abschnitt im Ausführungsplan ist enorm wichtig für das SQL-Tuning. Nehmen wir diesen Abschnitt als Beispiel. Was siehst du dort, Peter?"

```
Predicate Information (identified by operation id):
---------------------------------------------------

   1 - filter(("MAIN"."COMMITTED_AT">SYSTIMESTAMP(6)-10 AND "MAIN"."NOT_EXPORTED_AT" IS NULL))
   2 - access("MAIN"."POINT_OF_SALE"=:B1)
```

Peter: „Zwei Zeilen: Filter und Access. Ich vermute, dass ein Tabellenzugriff mit dem Prädikat POINT_OF_SALE=:B1 erfolgt. Möglicherweise wird dafür ein Index im 2. Schritt des Ausführungsplans benutzt. Alle ermittelten Datensätze werden im 1. Schritt des Ausführungsplans ausgefiltert. Dafür werden Prädikate benutzt, die zum Filter gehören. Zum Beispiel bei einem Tabellenzugriff über die Rowid."

A.: „Absolut richtig, Peter. Schaue bitte unten:"

Id	Operation	Name
0	SELECT STATEMENT	
* 1	TABLE ACCESS BY INDEX ROWID	ARTICLE WRITEOFF
* 2	INDEX RANGE SCAN	I ARTICLE WRITEOFF 1

P.: „Wie hilft mir das aber beim SQL-Tuning? Die jeweiligen Prädikate kann ich doch der SQL-Anweisung entnehmen."

A.: „Nicht immer. Oracle kann beispielsweise Prädikate aus Constraints generieren. In diesem Fall fehlen sie in der SQL-Anweisung. Wenn eine SQL-Anweisung groß und nicht überschaubar ist und dazu noch ein paar Views enthält, ist diese Aufgabe ziemlich kompliziert. In jedem Fall kannst du lediglich vermuten, welche Prädikate Oracle benutzt. Der Ausführungsplanabschnitt ‚Predicate Information' liefert dir genaue Informationen darüber."

P.: „Einverstanden. Wie kann ich diese Informationen für das SQL-Tuning gebrauchen?"

A.: „Du kannst einschätzen, wie selektiv die jeweiligen Prädikate sind. Wichtig ist es, dass man selektive Prädikate bei Zugriffen benutzt (sie stehen in unserem Beispiel bei Access im Ausführungsplan). Es beschleunigt diese Zugriffe und reduziert die jeweilige Treffermenge. Prädikate bei Filter können auch die jeweilige Treffermenge reduzieren, was die nachfolgenden Ausführungsplanschritte beschleunigt. Die Performanz des Ausführungsplanschrittes, in dem die jeweilige Filterung stattfindet, wird davon aber kaum beeinflusst. Bei der Beschreibung des formalen SQL-Tunings besprechen wir das ausführlich. Bei Exadata können Prädikate nebst dem Filter und Access auch dem Storage zugeordnet werden. In diesem Fall werden Prädikate an den Storage-Layer übergeben, und der jeweilige Datenzugriff kann mit Exadata-Features optimiert werden (z. B. mit Storage-Indizes)."

P.: „Wenn ich mich nicht irre, werden Informationen über Prädikate weder im AWR noch im Statspack gepflegt."

A.: „Das ist richtig. Man muss diese Informationen also einem Ausführungsplan eines Cursors aus der SQL-Area entnehmen. Als Workaround gegen einige Bugs von Oracle wird die Parametereinstellung "_cursor_plan_unparse_enabled"=false eingesetzt. In diesem Fall generiert Oracle keine Informationen über Prädikate. Sie fehlen dann auch in der SQL-Area. Dasselbe gilt für die Informationen aus dem nächsten Abschnitt des Ausführungsplans ‚Column Projection Information'. Und noch eine wichtige Anmerkung zum Schluss. Du hast sicherlich bereits bemerkt, dass die Ausführungsplanschritte mit Prädikaten mit einem Stern in der Spalte ‚Id' gekennzeichnet sind."

3.2.1.6   Column Projection Information

Autor: „Hier werden die Tabellen- bzw. Index-Spalten aufgelistet, die im jeweiligen Ausführungsplanschritt ermittelt werden. Nehmen wir den Abschnitt ‚Column Projection Information' aus dem obigen Ausführungsplan:"

```
Column Projection Information (identified by operation id):
-----------------------------------------------------------

   1 - "MAIN"."ID"[NUMBER,22], "MAIN"."POINT_OF_SALE"[NUMBER,22],
"MAIN"."EXECUTED_BY"[NUMBER,22],
       "MAIN"."COMMITTED_AT"[TIMESTAMP,11], "MAIN"."COMMITTED_AT_LOCALDATE"[DATE,7],
"MAIN"."EXPORTED_AT"[TIMESTAMP,11],
       "MAIN"."NOT_EXPORTED_AT"[TIMESTAMP,11], "MAIN"."RESOLVED"[CHARACTER,1]
   2 - "MAIN".ROWID[ROWID,10], "MAIN"."POINT_OF_SALE"[NUMBER,22],
"MAIN"."COMMITTED_AT_LOCALDATE"[DATE,7]
```

Peter: „Diese Informationen finde ich ziemlich nutzlos."

A.: „Sie sind möglicherweise nicht so wichtig wie die Prädikate, sind aber definitiv nicht nutzlos. Ich versuche, dir das an unserem Beispiel zu beweisen. Im 2. Schritt des Ausführungsplans erfolgt ein Index Range Scan über den Index I_ARTICLE_WRITEOFF_1. Dabei benutzt Oracle das Prädikat POINT_OF_SALE=:B1. Dem Abschnitt ‚Column Projection Information' kann man entnehmen, dass dieser Index mindestens noch eine Spalte COMMITED_AT_LOCALDATE hat, die einfach selektiert und nicht abgefragt wird, weil sie in keinem Prädikat vorkommt. Im 1. Schritt des Ausführungsplans werden noch 6 Tabellenspalten selektiert: ID, EXECUTED_BY, COMMITED_AT, EXPORTED_AT, NOT_EXPORTED_AT, RESOLVED. Wenn du dir den Tabellenzugriff über die Rowid ersparen möchtest, musst du den Index I_ARTICLE_WRITEOFF_1 um diese 6 Spalten erweitern."

P.: „So kommt man aber auf mindestens 8 Spalten in diesem Index. Ist das nicht zu viel?"

A.: „Ja, ohne einen sehr ernsthaften Grund würde ich das nicht tun. Das ist letzten Endes aber ein Beispiel. Wäre es möglich gewesen, den Index um ein paar Spalten zu erweitern, um den Tabellenzugriff zu erübrigen, hätte nichts diesem Vorhaben im Wege gestanden. Die Informationen über die zu selektierenden Spalten helfen, eine richtige Entscheidung zu treffen. Hoffentlich hat dieses Beispiel deine Meinung geändert."

3.2.1.7   Remote SQL Information

Autor: „Im diesem Abschnitt des Ausführungsplans werden SQL-Anweisungen aufgelistet, welche auf einer entfernten (remote) Datenbank ausgeführt werden. Zum Beispiel:"

```
Remote SQL Information (identified by operation id):
----------------------------------------------------

  17 - SELECT "OBJECT_NAME","LAST_UPDATED","START_DATE","OBJECT_TYPE" FROM
"SA_NBA"."W_PRO_NBA_OBJECT_STATUS" "W_PRO_NBA_OBJECT_STATUS" WHERE "OBJECT_NAME" LIKE
       'NBA_ACTIVITY_LIST%EXP%' AND "LAST_UPDATED" IS NOT NULL (accessing 'INKA_DW_IF_VDCW_DW' )
```

Peter: „In Klammern steht ein Datenbank-Link. Richtig?"

A.: „Ja, das stimmt. Falls sich ein Remote-Zugriff als problematisch erweist, kann man die jeweilige SQL-Anweisung auf der entfernten Datenbank ermitteln und tunen."

P.: „Wie erkennt man, dass ein Remote-Zugriff problematisch ist?"

A.: „Das erkennt man anhand der Laufzeitstatistiken, welche wir in diesem Kapitel noch besprechen."

P.: „Es wäre nicht schlecht, wenn Oracle auch die jeweilige SQL-Id ausgeben würde."

A.: „Du hast recht. Man kann aber für den ausgegebenen SQL-Text eine Signatur berechnen und über diese Signatur die jeweilige SQL-Anweisung auf der entfernten Datenbank suchen. Was die Signaturen sind und wie man sie ermittelt, ist in [1] beschrieben."

3.2.1.8   Note

Autor: „Der Abschnitt ‚Note' ist sehr einfach zu erklären. Dort werden einige Informationen ausgegeben, die für SQL-Tuning auch nützlich sein können. So kann man beispielsweise feststellen, ob Dynamic Sampling oder User Bind Peeking angewendet wurde."

Peter: „Welche Informationen sind besonders wichtig?"

A.: „Im Prinzip können alle wichtig sein. Das hängt von einem konkreten Fall ab. Ich prüfe zum Beispiel immer, ob ein ungünstiger Ausführungsplan mit einem SQL-Profile oder mit den SQL-Plan-Baselines fixiert ist. Beim SQL-Tuning ist es sinnvoll, das jeweilige Profile oder die Baselines außer Kraft zu setzen, weil sie eher stören als helfen. Manchmal findet der Optimizer selber einen besseren Ausführungsplan, wenn keine SQL-Profiles und SQL-Plan-Baselines angewendet werden."

3.2.2   Optimizer-Schätzungen und -Kosten

Autor: „Der CBO (cost based optimizer) benutzt einen nummerischen Wert (sogenannte Optimizer-Kosten), um Effektivität von Ausführungsplänen miteinander zu vergleichen. Die Berechnung dieses Wertes erfolgt nach bestimmten Regeln und basiert auf Optimizer-Statistiken der in dem jeweiligen Cursor beteiligten Objekte. Dieser Wert ist kumulativ, i. e. er kumuliert in sich Werte der Ausführungsplanschritte, die dem jeweiligen Schritt untergeordnet sind. Mit den anderen Worten kumulieren die Optimizer-Kosten eines Ausführungsplanschritts in sich Optimizer-Kosten aller Schritte, die vor ihm ausgeführt werden. Je kleiner die Optimizer-Kosten des ganzen Ausführungsplans sind, desto effektiver (zumindest für den Optimizer) ist der jeweilige Ausführungsplan."

Peter: „Wie kann man denn die Optimizer-Kosten beim SQL-Tuning gebrauchen?"

A.: „Die Optimizer-Kosten können helfen, die Entscheidungen des Optimizer nachzuvollziehen. Dafür muss man allerdings wissen, wie der Optimizer diese Kosten berechnet. Für das SQL-Tuning stellt dieser Wert normalerweise kein Interesse dar. Genau wie die Optimizer-Schätzung ‚Time'."

P.: „Gibt es überhaupt irgendwelche Optimizer-Schätzungen, die beim SQL-Tuning helfen können?"

A.: „Allerdings. Zum Beispiel ‚Rows', die besonders wichtig für das formale SQL-Tuning ist. Das ist die Anzahl der Datensätze, welche in einem Ausführungsplanschritt ermitteln werden sollen."

P.: „Also nicht gelesen, sondern aufgrund der Statistiken geschätzt?"

A.: „Ja. Das ist die Anzahl der Datensätze nach der Anwendung der Prädikate, falls sie dem jeweiligen Ausführungsplanschritt zugeordnet sind. Dieser Wert ist nicht kumulativ. Er wird also für jeden Schritt separat berechnet. Wie die Optimizer-Schätzung ‚Bytes' auch (Abb. 3.4)."

P.: „Wie kann uns die Schätzung ‚Rows' helfen?"

A.: „Wir können diese Schätzung mit der jeweiligen Laufzeitstatistik vergleichen. Die Laufzeitstatistiken besprechen wir im nächsten Abschnitt."

P.: „Wird diese Schätzung für eine oder für alle Ausführungen des jeweiligen Ausführungsplanschritts berechnet?"

A.: „Das ist eine sehr gute Frage, Peter. Um den Vergleich mit der Laufzeitstatistik zu machen, müssen wir die Antwort kennen. Diese Schätzung bezieht sich auf die eine Ausführung des jeweiligen Ausführungsplanschritts."

3.2.3 Laufzeitstatistiken

Autor: „Die Laufzeitstatistiken im Ausführungsplan sind enorm wichtig für das formale SQL-Tuning."

Peter: „Du hast bereits gesagt, dass wir die Laufzeitstatistiken mit den Optimizer-Schätzungen vergleichen können."

A.: „Dies ist lediglich eine Möglichkeit beim SQL-Tuning. Viel wichtiger ist es, dass die Laufzeitstatistiken uns einen Engpass im Ausführungsplan zu erkennen helfen. Das besprechen wir im Kapitel ‚Die Methode: Analyse der Laufzeitstatistiken im Ausführungsplan'. Bei Oracle gibt es einige Möglichkeiten, an die Laufzeitstatistiken heranzukommen (diese Möglichkeiten beschreiben wir im Abschnitt ‚Die Methode: Analyse der Laufzeitstatistiken im Ausführungsplan'). Eine davon besteht darin, dass die Laufzeitstatistiken direkt im Ausführungsplan generiert werden. Stillschweigend passiert das nicht, weil diese Option kostspielig ist. Im oben genannten Abschnitt besprechen wir, wie man dies veranlasst. Um alle Laufzeitstatistiken mit der Funktion DBMS_ XPLAN.DISPLAY_CURSOR anzuzeigen, muss man das Argument FORMAT mit dem Wort ‚ALLSTATS' ergänzen (es ist auch möglich, diese Statistiken einzeln ausgeben zu lassen). Für die Ermittlung der Laufzeitstatistiken für die letzte Ausführung eines Cursors muss man das Argument FORMAT mit dem Wort ‚LAST' ergänzen (ansonsten werden Statistiken summarisch für alle Ausführungen ausgegeben). Mit dem folgenden Kommando kannst du einen Ausführungsplan mit allen Laufzeitstatistiken für die letzte Ausführung eines Cursors aus der SQL-Area ermitteln:"

```
select plan_table_output from table
(sys.dbms_xplan.display_cursor(sql_id=><sql_id>,cursor_child_no=><child_number>,format=>'ADVANCED
ALLSTATS LAST'));
```

P.: „Braucht man tatsächlich alle Laufzeitstatistiken für das SQL-Tuning?"

A.: „Im Voraus ist es schwer zu sagen, was man in einem konkreten Fall braucht. Aus diesem Grund ermittle ich immer alle. Wenn die Optimizer-Schätzungen und die jeweiligen Laufzeitstatistiken dieselben Namen haben (wie ‚Rows' und ‚Time'), werden diese Namen jeweils mit ‚E-' (estimated) und mit ‚A-' (actual) ergänzt. Im Unterschied zur Optimizer-Schätzung ‚Rows' wird die jeweilige Laufzeitstatistik für alle Ausführungen des jeweiligen Ausführungsplanschritts ermittelt."

P.: „Wir wollten diese beiden Werte doch miteinander vergleichen. Wie ist das möglich?"

A.: „Dies ermöglicht die Laufzeitstatistik ‚Starts'. Das ist die Anzahl der Ausführungen für jeden Ausführungsplanschritt. Wenn wir die Laufzeitstatistik ‚A-Rows' für einen Schritt durch die Anzahl der Ausführungen dividieren, bekommen wir die Anzahl der

```
SQL_ID  f4yzggva3jkuy, child number 0
-------------------------------------
select * from dual d1 where exists (select /*+ no_unnest */ * from dual
where dummy='Y') and exists (select /*+ unnest */ * from dual d2 where
d1.dummy = d2.dummy)

Plan hash value: 4062679786
```

Id	Operation	Name	Starts	A-Rows
0	SELECT STATEMENT		1	0
* 1	FILTER		1	0
2	NESTED LOOPS SEMI		0	0
3	TABLE ACCESS FULL	DUAL	0	0
* 4	VIEW	VW_SQ_1	0	0
5	TABLE ACCESS FULL	DUAL	0	0
* 6	TABLE ACCESS FULL	DUAL	1	0

```
Predicate Information (identified by operation id):
---------------------------------------------------

   1 - filter( IS NOT NULL)
   4 - filter("D1"."DUMMY"="ITEM_1")
   6 - filter("DUMMY"='Y')
```

Abb. 3.5 Operationsreihenfolge im Ausführungsplan (Ein Beispiel von J. Lewis).

Datensätze pro einer Ausführung dieses Schrittes. Diesen Wert können wir mit der jeweiligen Schätzung ‚Rows' vergleichen. Dies gilt für nicht partitionierte Objekte (für partitionierte Objekte wird die Anzahl der durchsuchten Partitionen in der Statistik ‚Starts' mitberechnet). Ich glaube, wir können jetzt das im Abschnitt ‚Plan' versprochene Beispiel aus [2] präsentieren (Abb. 3.5)."

P.: „Was sagt uns dieses Beispiel?"

A.: „Der Schritt 6 des oberen Ausführungsplans muss nach dem Schritt 2 ausgeführt werden, weil diese Schritte gleich nach rechts eingerückt sind, und der Schritt 6 unter dem Schritt 2 steht. In der Tat wird dieser Schritt zuerst ausgeführt."

P.: „Wie siehst du das?"

A.: „Anhand der Laufzeitstatistik ‚Starts': Der Schritt 6 wurde einmal ausgeführt, während der Schritt 2 niemals ausgeführt wurde."

P.: „Sehr interessant. Ohne Laufzeitstatistiken wäre es unmöglich gewesen, das zu erkennen."

A.: „Man hätte das vermuten können, weil die erste Subquery nicht mit der Hauptanfrage korreliert und aus diesem Grund zunächst ausgeführt werden kann. Mit den Laufzeitstatistiken ist das ganz einfach zu erkennen. Fahren wir mit den Laufzeitstatistiken fort. Die nächsten drei sind ‚Buffers', ‚Reads' und ‚Writes'. Das sind die Anzahl der Datenblöcke, die jeweils aus dem Buffer Cache, oder von der Festplatte gelesen oder auf die Festplatte geschrieben werden. Diese Statistiken sind kumulativ. Neben den erwähnten Laufzeitstatistiken werden einige Workarea-Statistiken ausgegeben, z. B. ‚Used-Tmp' – die Größe des im temporären Tablespace benutzten Speichers. Diese Statistiken beziehen sich auf die jeweiligen Ausführungsplanschritte und sind nicht kumulativ. Ich habe vergessen zu erwähnen, dass die Laufzeitstatistik ‚Time' die Laufzeit in Stunden, Minuten und Sekunden darstellt und kumulativ ist."

3.3   Zusammenfassung

- Ausführungspläne sind hierarchisch und werden dementsprechend visualisiert. Diese Hierarchie bestimmt die Operationsreihenfolge:
  - Wenn zwei Operationen gleich nach rechts eingerückt und derselben Operation untergeordnet sind, wird zunächst die obere von diesen 2 ausgeführt. Das ist die Regel „von oben nach unten".
  - Wenn einer Operation eine andere untergeordnet ist, wird zunächst die untergeordnete ausgeführt. Das ist die Regel „von rechts nach links", weil die untergeordnete Operation weiter nach rechts eingerückt ist.
  - Es gibt einige Ausnahmen von der Regel „von oben nach unten", meistens stimmt sie aber.
- Informationen aus dem Abschnitt „Query Block Name/Object Aliases" des Ausführungsplans kann man für Optimizer-Hints gebrauchen.
- Outlines sind spezielle Optimizer-Hints, die den jeweiligen Ausführungsplan fixieren sollen. Oracle generiert normalerweise keine Hints in den Outlines für parallele Operationen. Outlines fehlen in Statspack.
- Den Abschnitt „Peeked Bind" kann man als eine Quelle der Bind-Werte für die Ausführung der jeweiligen SQL-Anweisung gebrauchen. In Statspack fehlen diese Bind-Werte.
- Es gibt zwei Arten von „Predicate Information": Access und Filter. Im Access werden Prädikate aufgelistet, welche Oracle bei Datenzugriff im jeweiligen Ausführungsplanschritt benutzt. Im Unterschied zu Access werden Prädikate aus Filter lediglich für Filterung der ermittelten Datensätze gebraucht. Der Abschnitt „Predicate Information" ist sehr wichtig für formales SQL-Tuning.
- Im Abschnitt „Column Projection Information" werden die Tabellen- bzw. Index-Spalten aufgelistet, die im jeweiligen Ausführungsplanschritt ermittelt werden.
- Der Abschnitt „Note" enthält einige zusätzliche Informationen, z. B. über die Anwendung von Dynamic Sampling oder Cardinality Feedback.

Ansätze des formalen SQL-Tunings

4

Das ist das erste der drei Kapitel, in denen die formale Methode beschrieben wird. In diesem Kapitel formulieren wir das Ziel, das Prinzip, die Methode, das Hauptkriterium, die Handlungsweise und die Richtlinie des formalen SQL-Tunings.

4.1 Das Ziel: Effektives SQL-Tuning

Das Ziel des formalen SQL-Tunings ist eine akzeptable Performanz einer SQL-Anweisung. Dieses Ziel haben wir bereits im Abschnitt „SQL-Tuning: Definition und Ziele" formuliert.

Der formale Charakter dieser Methode, also das Tuning nach formalen Regeln, ermöglicht Tuning ohne Datenmodellkenntnisse. Vielleicht ist das nicht so verlockend für die Entwickler (obwohl auch die Entwickler gewisse Probleme mit großen und komplexen SQL-Anweisungen haben können); für die Datenbankadministratoren ist diese Methode jedoch ein Schlüssel zum eigenständigen SQL-Tuning. Sie sind beim formalen SQL-Tuning nicht auf die Entwickler angewiesen.

Das formale SQL-Tuning beschäftigt sich mit den Fällen, die in der Praxis am häufigsten vorkommen. Dies ermöglicht eine kurze und klare Formulierung der formalen Methode. Die formalen Regeln sind so einfach, dass auch ein Anfänger diese Methode beherrschen und erfolgreich anwenden kann. Zugleich ist diese Methode „ausbaufähig": Man kann sie bei Bedarf weiterentwickeln.

Die formale Methode ist bei akuten Performanz-Problemen sehr effektiv. Sie hilft sehr schnell, einen akzeptablen Ausführungsplan zu finden (wenn auch manchmal mit ziemlich „groben" Mitteln). Eine feinere Analyse kann man zu einem späteren Zeitpunkt in aller Ruhe durchführen.

© Springer-Verlag Berlin Heidelberg 2016
L. Nossov et al., *Formales SQL-Tuning für Oracle-Datenbanken*, Xpert.press,
DOI 10.1007/978-3-662-45292-9_4

4.2   Das Prinzip: Beseitigung der „Bremsen" im Ausführungsplan

Der Optimizer von Oracle versucht immer, den besten Ausführungsplan zu generieren. Für SQL-Tuning ist das eigentlich nicht notwendig. Es reicht vollkommen aus, einen schlechten Ausführungsplan zu einem akzeptablen zu verbessern. Dabei spielt es keine Rolle, ob der verbesserte Plan der Beste ist. Dies erleichtert die Aufgabe des SQL-Tunings.

Genau nach diesem Prinzip funktioniert das formale SQL-Tuning: Man findet problematische Schritte im Ausführungsplan und beseitigt sie. Sehr häufig kommt man auf diesem Weg an erstaunlich gute Lösungen.

4.3   Die Methode: Analyse der Laufzeitstatistiken im Ausführungsplan

Um problematische Ausführungsplanschritte zu finden, kann man entweder Optimizer-Schätzungen oder Laufzeitstatistiken benutzen. Bei den Optimizer-Schätzungen muss man aufpassen: Sie können aus vielen Gründen ziemlich ungenau sein. Wenn Optimizer-Statistiken der in der SQL-Anweisung beteiligten Objekte nicht stimmen, sind auch die Optimizer-Schätzungen weit von der Realität entfernt. Es ist auch möglich, dass die Optimizer-Statistiken genau sind, die Schätzungen aber nicht, weil der Optimizer an einigen Stellen Annahmen macht. Mit den Optimizer-Schätzungen in den schlechten Ausführungsplänen muss man besonders aufpassen, weil gerade sie diese suboptimalen Pläne oft verursachen.

Die Optimizer-Schätzungen sind also keine zuverlässige Basis für die Analyse der Ausführungspläne. Wesentlich besser sind dafür die Laufzeitstatistiken in Ausführungsplänen geeignet. Sie informieren über den tatsächlichen Ablauf einzelner Ausführungsplanschritte.

Wie man Oracle beauftragen kann, die Laufzeitstatistiken im Ausführungsplan zu visualisieren, wurde bereits im Abschnitt „Laufzeitstatistiken" beschrieben. Da die Generierung der Laufzeitstatistiken zu kostspielig ist, um sie systemweit zu aktivieren, wird das stillschweigend nicht getan. Man kann sie aber für Testläufe entweder für eine Session (mit der Parametereinstellung statistics_level=all) oder mit dem Hint GATHER_PLAN_STATISTICS (auch mit einem versteckten, s. in [1]) für eine SQL-Anweisung aktivieren.

Die andere Möglichkeit, an die Laufzeitstatistiken in Ausführungsplan zu kommen, ist das Feature „SQL-Monitoring", das ab Oracle 11 zur Verfügung steht. SQL-Monitoring ist ausführlich in [1] beschrieben. Leider werden keine Informationen über die Prädikate und über die Spalten-Projektionen in den SQL-Monitoring-Reporten ausgegeben. Man muss sie zusätzlich in den Ausführungsplänen aus der SQL-Area ermitteln. Man darf auch nicht vergessen, dass SQL-Monitoring lizenzpflichtig ist.

SQL-Tracing ist eine weitere Quelle der Laufzeitstatistiken in Ausführungsplan. Da es relativ umständlich ist (auf jeden Fall umständlicher als die beiden oben beschriebenen Features), ein SQL-Tracing zu generieren und zu analysieren, wird diese Möglichkeit nicht so oft wie die anderen benutzt.

4.4   Das Hauptkriterium: Die Laufzeitstatistik „Kardinalität"

Kardinalität ist das Hauptkriterium bei der Analyse der Ausführungspläne mit der formalen Methode (Abb. 4.1). In der Ausgabe von DBMS_XPLAN.DISPLAY_CURSOR wird diese Statistik als „A-Rows", im SQL-Monitorig-Report als „Rows (Actual)" und im SQL-Tracing als „Rows" bezeichnet.

Diese Statistik beinhaltet die Anzahl der Datensätze, welche im jeweiligen Ausführungsplanschritt ermittelt wurden. Eine große Kardinalität deutet auf eine Verarbeitung von vielen Datensätzen in einem Ausführungsplanschritt hin. Dementsprechend kann dieser Schritt teuer sein. Das ist der erste Grund, weswegen die Kardinalität als Hauptkriterium gewählt wird. Die in einem Ausführungsplanschritt ermittelten Datensätze werden in den nachfolgenden Schritten weiter verarbeitet. Wenn das viele sind, verteuert das die nächsten Ausführungsplanschritte. Das ist der zweite Grund.

Es ist möglich, dass viele Datensätze in einem Schritt verarbeitet werden, obwohl seine Kardinalität gering ist, z. B. wenn ein Full Table Scan (FTS) bei der Ermittlung der Daten über sehr selektive Prädikate aus einer großen Tabelle benutzt wird. In solch einem Fall muss man auch die anderen Laufzeitstatistiken für die Analyse heranziehen (beispielsweise Buffer Gets oder Buffers in der Ausgabe von DBMS_XPLAN.DISPLAY_CURSOR). Aber auch in diesem Fall ist die Kardinalität für die Analyse sehr wichtig: Bei einem FTS auf einer großen Tabelle mit einer kleinen Kardinalität kann man sofort vermuten, dass die jeweiligen Prädikate selektiv sind und einen Index für die jeweiligen Spalten als Verbesserungsmaßnahme anlegen.

Obwohl die anderen Laufzeitstatistiken eine untergeordnete Rolle in der formalen Methode spielen, können sie für die Analyse des Ausführungsplans auch hilfreich sein.

Abb. 4.1 Wenn Archimedes
SQL-Tuning angewandt hätte

4.5 Die Handlungsweise: Ein iterativer Prozess

Es passiert leider nicht oft, dass bereits die erste Verbesserung einen akzeptablen Ausführungsplan bringt. Man muss sich also für mehrere Ausführungen der problematischen
SQL-Anweisung oder des problematischen Prozesses vorbereiten.

Man kann die problematische SQL-Anweisung beispielsweise in SQL*Plus ausführen.
Falls diese Anweisung Bind-Variablen enthält, kann man sie als Variablen in SQL*Plus
definieren und auf entsprechende Werte setzen. Dies ist möglich für manche geläufige
Datentypen (wie z. B. VARCHAR2 oder NUMBER).

Bei Tuning einer DML-Anweisung (data manipulation language) ist es in einigen Fällen möglich, einen Select daraus zu extrahieren, zu tunen und die Ergebnisse des Tunings
auf die DML-Anweisung anzuwenden (s. in [1]). Damit entfällt die Notwendigkeit, diese
DML-Anweisung zwecks Tunings auszuführen und die jeweiligen Daten zu ändern.

Wenn man einen Prozess tunt, der wiederholt ausgeführt wird, ist es oft sehr praktisch,
das SQL-Monitoring für Tuning einzusetzen (s. beispielsweise in [1]). In diesem Fall sind
keine separaten Ausführungen einzelner SQL-Anweisungen dieses Prozesses notwendig.
Dies erspart Zeit und Mühe.

Wir haben hier einige Möglichkeiten skizziert, wie man problematische SQL-Anweisungen zwecks SQL-Tunings ausführen kann. Wichtig ist es, dass man sich beim SQL-
Tuning diese Möglichkeiten im Vorfeld überlegt und eine passende auswählt.

4.6 Die Richtlinie: Tuning möglichst ohne Änderungen der SQL-Anweisung

Beim SQL-Tuning muss man sich auch überlegen, wie man die jeweiligen Verbesserun-
gen einsetzt. Sehr oft sind Änderungen des jeweiligen SQL-Textes nicht möglich, weil die
Anwendungsentwickler nicht in Greifweite sind (z. B. bei einer Standard-Anwendung).
Wenn ein Performanz-Problem akut ist, muss man sehr schnell handeln. In diesem Fall
hilft es nicht, wenn die Entwickler in einem benachbarten Büro sitzen, weil jede Code-
Änderung, meistens aus organisatorischen Gründen, nicht sofort erfolgen kann.

Deswegen ist es sinnvoll, wenn man sich von Anfang an auf ein SQL-Tuning ohne
Änderungen der SQL-Anweisung einstellt. Beim SQL-Tuning sind die folgenden Verbesserungen willkommen:

1. Anlegen neuer Indizes: Damit muss man aufpassen und erst dann einen Index anlegen,
   wenn keine andere Lösung möglich ist, weil jeder neue Index andere Ausführungspläne
   beeinflussen und in einigen Fällen beeinträchtigen kann.
2. Erweiterung bestehender Indizes: Hier besteht auch die Gefahr, dass der erweiterte
   Index andere Ausführungspläne beeinträchtigt. Diese Gefahr ist in der Regel aber
   wesentlich geringer als bei einem völlig neuen Index.

3. Nutzung der Optimizer-Hints: Man kann Optimizer-Hints als versteckte Hints einsetzen (s. in [1]). Alternativ kann der mit den Hints optimierte Plan fixiert werden (in [1] sind einige Methoden hierzu zu finden). In beiden Fällen ist keine Änderung der SQL-Anweisung notwendig.

4. Änderung der Datenbankparameter: Wenn man eine SQL-Anweisung mit Datenbankparametern optimiert, ist es sinnvoll, den optimierten Plan zu fixieren, statt die jeweiligen Parametereinstellungen systemweit einzusetzen. Alternativ kann man probieren, die jeweiligen Parameter mit dem Hint OPT_PARAM dediziert für eine SQL-Anweisung zu setzen (s. in [1]). Laut Dokumentation ist das lediglich für eine Handvoll der Parameter möglich, in der Tat funktioniert dieses Hint für viele Parameter.

5. Erstellen der Optimizer-Statistiken: Neue Optimizer-Statistiken können auch andere Pläne beeinflussen. Die Gefahr, dass die anderen Pläne sich verschlechtern, ist aber ziemlich gering. Um die Optimizer-Statistiken ganz ohne Risiko zu erstellen, kann man die neuen Statistiken generieren, aber nicht freigeben (die Präferenz PUBLISH auf FALSE setzen). In einer eigenen Session kann man dann diese nicht freigegebenen (pending) Statistiken mit der Parametereinstellung optimizer_use_pending_statistics=true erlauben und einen mit diesen Statistiken optimierten Plan fixieren.

Einige dieser Verbesserungen sind reine Workarounds. Sie sind aber völlig legitim, wenn ein akutes Performanz-Problem vorliegt. Eine endgültige Lösung wird später erarbeitet, wenn das akute Problem entschärft ist.

Man könnte denken, dass diese Verbesserungen für einen ziemlich eingegrenzten Kreis der Fälle anzuwenden sind. In der Tat sieht es ganz anders aus: Für die meisten praktischen Fälle ist SQL-Tuning ohne Änderung der SQL-Anweisung durchführbar. Nur selten muss die jeweilige SQL-Anweisung geändert werden, um einen akzeptablen Plan zu erzielen.

Engpässe im Ausführungsplan

5

In diesem Kapitel beschreiben wir den Kern der formalen Methode: Das Erkennen der Engpässe im Ausführungsplan. Das formale SQL-Tuning stellt ein sehr einfaches Verfahren für das Erkennen der Engpässe bereit (auch für große und komplexe Ausführungspläne). Man kann sagen, dass diese Methode Ihr Ariadnefaden in den Labyrinthen der Ausführungspläne ist (s. Abb. 5.1).

5.1 „Lokale" Probleme im Ausführungsplan

Zu den „lokalen" gehören Probleme, die im Ausführungsplan auf einen oder auf einige wenige (in der Regel auf zwei) Ausführungsplanschritte „lokalisiert" sind.

5.1.1 Ein fehlender Index

Autor: „Peter, wie würdest du in einem Ausführungsplan bei FTS erkennen, dass ein Index fehlt?"

Peter.: „Ein Indiz auf einen möglichen selektiven Index kann eine geringe Kardinalität von FTS sein."

A.: „Was bedeutet eine geringe Kardinalität? 1, 2 oder vielleicht 100?"

P.: „Eine konkrete Zahl kann ich nicht nennen."

A.: „Wann kannst du denn sagen, dass die Kardinalität vom FTS gering ist?"

P.: „Warte mal. Wenn die jeweilige Tabelle relativ groß ist (und gerade solche interessieren uns), muss Oracle ziemlich viele Buffer Gets bzw. Physical Reads bei FTS tun. Ich würde die Kardinalität mit der Anzahl der Buffer Gets vergleichen."

A.: „Würdest du so jeden FTS im Ausführungsplan überprüfen?"

© Springer-Verlag Berlin Heidelberg 2016
L. Nossov et al., *Formales SQL-Tuning für Oracle-Datenbanken,* Xpert.press,
DOI 10.1007/978-3-662-45292-9_5

Abb. 5.1 Formales SQL-
Tuning ist Ihr Ariadnefaden
in den Labyrinthen der
Ausführungspläne

P.: „Lediglich die Schritte mit einer großen Laufzeit.“

A.: „Zeigen wir an einem Test-Case, wie man einen fehlenden Index feststellt. Wir legen
   dafür eine Tabelle mit 100.000 Datensätzen an.

Danach führen wir eine SQL-Anweisung aus und ermitteln den jeweiligen Ausführungsplan mit Laufzeitstatistiken (Abb. 5.2):“

```
SQL_ID  8dwcq7z24k9xt, child number 0
-------------------------------------
select count(*) from t1 where b=4000

Plan hash value: 3724264953
```

Id	Operation	Name	Starts	A-Rows	Buffers
0	SELECT STATEMENT		1	1	185
1	SORT AGGREGATE		1	1	185
* 2	TABLE ACCESS FULL	T1	1	1	185

```
Predicate Information (identified by operation id):
---------------------------------------------------

   2 - filter("B"=4000)
```

Abb. 5.2 Ein Indiz auf einen fehlenden Index: FTS mit einer geringen Kardinalität und vielen
Buffer Gets

P.: „Im 2. Ausführungsplanschritt wurde ein FTS ausgeführt. Dabei wurden 185 Buffer Gets gemacht und ein Datensatz ermittelt. Ein Index für die Spalte B soll die Anzahl der Buffer Gets reduzieren und somit den Ausführungsplan verbessern."

A.: „Die Spalte B hast du dem Filter aus dem Abschnitt ‚Predicate Information' entnommen. Richtig?"

P.: „In unserem einfachen Beispiel war das nicht notwendig. Wenn die SQL-Anweisung wesentlich komplexer gewesen wäre, hätte ich so gehandelt."

A.: „Legen wir den Index an:

```
SQL> create index i_t1 on t1(b);
Index created.
```

Jetzt können wir die SQL-Anweisung erneut ausführen (Abb. 5.3)."

P.: „Der Index-Zugriff hat die Anzahl der Buffer Gets auf 2 reduziert! Waren wir aber mit dem Anlegen des Indexes nicht zu voreilig? Es kann doch theoretisch sein, dass die Spalte B nicht selektiv ist. Der Wert von 4000 kann eine Ausnahme sein."

A.: „Das Wort ‚theoretisch' ist hier sehr passend. In der Praxis sieht es etwas anders aus. Wenn eine SQL-Anweisung problematisch ist, ist sie normalerweise bei mehreren Ausführungen langsam. Bei diesen Ausführungen wird der FTS mit einer geringen Kardinalität mehrmals durchgeführt. In diesem Fall ist das Anlegen des jeweiligen Indexes definitiv hilfreich. Wenn du aber ganz sicher vorgehen möchtest, kannst du die Selektivität der jeweiligen Prädikate direkt überprüfen. Ich habe auch eine Frage an dich: Ist ein fehlender Index die einzig mögliche Ursache eines teuren FTS mit einer geringen Kardinalität?"

P.: „Wenn du so fragst, gibt es vermutlich mindestens noch eine. Ich habe aber keine Ahnung, welche das sein könnte."

A.: „Überlege mal, Peter. Eine große Tabelle wird durchsucht, dabei werden nur wenige Datensätze ermittelt. Was könnte der Grund dafür sein?"

```
SQL_ID  8dwcq7z24k9xt, child number 0
-------------------------------------
select count(*) from t1 where b=4000

Plan hash value: 3547404373
```

Id	Operation	Name	Starts	A-Rows	Buffers
0	SELECT STATEMENT		1	1	2
1	SORT AGGREGATE		1	1	2
* 2	INDEX RANGE SCAN	I_T1	1	1	2

Abb. 5.3 Ein Index-Zugriff reduziert gravierend die Anzahl der Buffer Gets

```
SQL_ID  5p7s1hq62rf59, child number 0
-------------------------------------------------
select count(*) from t1 where a=1

Plan hash value: 3724264953
```

Id	Operation	Name	Starts	A-Rows	Buffers
0	SELECT STATEMENT		1	1	185
1	SORT AGGREGATE		1	1	185
* 2	TABLE ACCESS FULL	T1	1	1	185

```
Predicate Information (identified by operation id):
-------------------------------------------------

   2 - filter("A"=1)
```

Abb. 5.4 Ein FTS auf einer Sparse-Tabelle

P.: „Möglicherweise enthält diese Tabelle wenige Datensätze?"

A.: „Richtig! Wie heißt eine Tabelle mit vielen Datenblöcken und mit wenigen Daten-sätzen?"

P.: „Eine Sparse-Tabelle?"

A.: „Ganz genau. Löschen wir jetzt den Index und alle Datensätze, bis auf einen, in unse-rer Tabelle:

```
SQL> drop index i_t1;

Index dropped.

SQL>
SQL> delete from t1 where b!=4000;

99999 rows deleted.

SQL>
SQL> select count(*) from t1;

   COUNT(*)
----------
          1
```

Führen wir eine SQL-Anweisung mit einem anderen Prädikat aus (Abb. 5.4)."

P.: „Die Laufzeitstatistiken sind genauso wie auf der Abb. 5.2."

A.: „Was würdest du unternehmen, um diesen Ausführungsplan zu verbessern?"

P.: „Das ist doch klar. Eine Sparse-Tabelle muss man reorganisieren."

A.: „Im Prinzip hast du recht. Stelle dir aber vor, dass diese Tabelle sehr groß ist. Dann nimmt die Tabellenreorganisation entsprechend viel Zeit in Anspruch. Du brauchst aber eine schnelle Lösung."

P.: „Kann hier auch ein Index helfen?"

A.: „Sehr gut, Peter! Testen wir das (Abb. 5.5)."

P.: „Hattest du solche Fälle in der Praxis?"

A.: „Ja. Einmal habe ich eine Datenbank mit vielen Direct Reads getunt. Dort gab es einige Sparse-Tabellen mit vielen Datenblöcken, sodass Oracle FTS mit direkten Plat-tenzugriffen (also nicht über den Buffer Cache) ausgeführt hat (mehr Informationen

```
SQL> create index i_t2 on t1(a);

Index created.

SQL_ID  5p7s1hq62rf59, child number 0
------------------------------------
select count(*) from t1 where a=1

Plan hash value: 4157480490
```

Id	Operation	Name	Starts	A-Rows	Buffers
0	SELECT STATEMENT		1	1	1
1	SORT AGGREGATE		1	1	1
* 2	INDEX RANGE SCAN	I_T2	1	1	1

Abb. 5.5 Ein Index als schnelle Hilfe beim FTS auf einer großen Sparse-Tabelle

zu diesem Feature findet man in [1]). Ich habe die Lösung mit Indizes als Workaround vorgeschlagen. Mit diesem Workaround wurden nach und nach alle Sparse-Tabellen reorganisiert."

5.1.2 Ein nicht selektiver Index

Autor: „In diesem Abschnitt besprechen wir ein sehr wichtiges und interessantes Thema: Wie erkennt man einen nicht selektiven Index im Ausführungsplan. Peter, wie würdest du das tun?"

Peter: „Wenn ein nicht selektiver Index benutzt wird, muss der jeweilige Index Scan viele Datensätze zurückliefern. Die jeweilige Kardinalität muss also groß sein."

A.: „Was ist für dich eine große Kardinalität? Wie kannst du erkennen, dass ein Index nicht selektiv ist und man etwas verbessern kann?"

P.: „Du stellst unangenehme Fragen. Das weiß ich nicht."

A.: „Fangen wir mit der großen Kardinalität an. Es ist in der Tat nicht möglich zu sagen, welche Kardinalität groß ist, wenn wir darüber abstrakt und ohne jegliche Beziehung zu einem Ausführungsplan reden. Die Kardinalität muss also für einen konkreten Ausführungsplan groß sein, z. B. die größte dort sein. Wie kann man entscheiden, dass der jeweilige Index nicht selektiv ist? Die Antwort auf diese Frage muss man auch im Ausführungsplan suchen. Wenn die SQL-Anweisung für einen Tabellenzugriff selektive Prädikate enthält, und diese Prädikate lediglich zum Teil in einem Index präsent sind (was diesen Index nicht selektiv macht), müssen die restlichen Prädikate woanders im Ausführungsplan abgefragt werden und die Treffermenge vom Index Scan deutlich reduzieren. Normalerweise passiert das im Filter des darauffolgenden Tabellenzugriffs über die Rowid."

P.: „Stop, stop, stop! Ich kann dir nicht folgen."

A.: „Im Grunde genommen ist es sehr einfach. Ich demonstriere das an folgendem Beispiel (Abb. 5.6)."

P.: „Ich kann nicht sagen, dass ich das jetzt besser verstehe."

A.: „Suchen wir zunächst die Schritte mit einer großen Kardinalität. Welche sind es, Peter?"

Id	Operation	Name	Starts	A-Rows	A-Time
0	SELECT STATEMENT		1	3	00:01:01.99
* 1	COUNT STOPKEY		1	3	00:01:01.99
2	VIEW		1	3	00:01:01.99
* 3	SORT ORDER BY STOPKEY		1	3	00:01:01.99
4	VIEW		1	133	00:01:01.99
5	UNION-ALL		1	133	00:01:01.99
6	INLIST ITERATOR		1	1	00:00:00.01
* 7	TABLE ACCESS BY INDEX ROWID	TA_PROCESS	2	1	00:00:00.01
* 8	INDEX RANGE SCAN	IDX_PROCESS_PROCESSSTATE	2	266	00:00:00.01
9	NESTED LOOPS ANTI		1	132	00:01:01.98
10	NESTED LOOPS ANTI		1	602	00:00:35.96
* 11	TABLE ACCESS BY INDEX ROWID	TA_PROCESS	1	643	00:00:00.01
* 12	INDEX RANGE SCAN	IDX_PROCESS_PROCESSSTATE	1	667	00:00:00.01
* 13	TABLE ACCESS BY INDEX ROWID	TA_PROCESS	500	41	00:00:35.94
* 14	INDEX RANGE SCAN	IDX_PROCESS_PERSON	500	12M	00:00:07.53
* 15	TABLE ACCESS BY INDEX ROWID	TA_PROCESS	456	324	00:00:26.02
* 16	INDEX RANGE SCAN	IDX_PROCESS_PERSON	456	10M	00:00:06.09

```
Predicate Information (identified by operation id):
---------------------------------------------------
 ...
  13 - filter((INTERNAL_FUNCTION("B"."PROCESS_STATE") AND
"B"."PROCESS_CREATION"<"A"."PROCESS_CREATION" AND
            "B"."PROCESS_CREATION">SYSDATE@!-:B2/24))
  14 - access("B"."PERSON_NUMBER"="A"."PERSON_NUMBER" AND "B"."CS_ID"="A"."CS_ID")
  15 - filter(("B"."PROCESS_STATE"<>8 AND "B"."PROCESS_STATE"<>5 AND "B"."PROCESS_STATE"<>10 AND
            "B"."PROCESS_CREATION"<"A"."PROCESS_CREATION" AND "B"."PROCESS_CREATION">SYSDATE@!-
:B3/24))
  16 - access("B"."PERSON_NUMBER"="A"."PERSON_NUMBER" AND "B"."CS_ID"="A"."CS_ID")
```

Abb. 5.6 Ein nicht selektiver Index. Beispiel 1

P.: „Das sind die Schritte 16 und 14. Dort wurde ein Index Range Scan über den Index IDX_PROCESS_PERSON ausgeführt und jeweils 10 M und 12 M Datensätze ermittelt."

A.: „Ist dieser Index selektiv?"

P.: „In Schritt 14 werden pro Ausführung durchschnittlich ca. 24.000 Datensätze (12 M/500) selektiert. Das ist kein kleiner Wert. Wir wissen aber nicht, wie groß die Tabelle TA_PROCESS ist. Ich weiß nicht, ob dieser Index selektiv ist."

A.: „Aber schau mal, was im nächsten Ausführungsplanschritt passiert."

P.: „Die Tabelle TA_PROCESS wird über die Rowid gelesen. Für den Index Range Scan hat Oracle 7,53 Sekunden gebraucht, für den Tabellenzugriff im Schritt 13 wesentlich mehr – 35,94 Sekunden."

A.: „Gut, dass du das bemerkt hast. Es ist häufig so, dass eine große Kardinalität erst in einem der darauffolgenden Ausführungsplanschritte richtig zuschlägt. Hast du bemerkt, dass die Kardinalität im 13. Schritt von 12 M auf 41 sinkt?"

P.: „Meinst du, dass das wegen des Filters in diesem Schritt passiert?"

A.: „Ganz genau."

P.: „Das spricht für eine starke Selektivität dieser Filter-Prädikate. Ich würde einen Index für die jeweiligen Spalten anlegen."

A.: „Dies hätte eventuell das Problem auch gelöst. Ich habe aber 2 Einwände gegen diese Lösung. Im Abschnitt ‚Die Richtlinie: Tuning möglichst ohne Änderungen der SQL-Anweisung' haben wir bereits gelernt, dass ein neuer Index mit einer größeren Wahrscheinlichkeit andere Ausführungspläne beeinflussen kann als eine Erweiterung des bestehenden Indexes."

```
SQL Plan Monitoring Details (Plan Hash Value=2028435987)
```

Id	Operation	Name	Execs	Rows (Actual)	Activity (%)
0	INSERT STATEMENT		1		
1	LOAD TABLE CONVENTIONAL		1		
2	NESTED LOOPS		1		
3	NESTED LOOPS		1		
4	NESTED LOOPS ANTI		1	0	
5	NESTED LOOPS		1	1241	
6	NESTED LOOPS		1	1241	
7	NESTED LOOPS		1	1241	
8	TABLE ACCESS FULL	FX_TEMP_RISKFONDS	1	1241	
9	TABLE ACCESS BY INDEX ROWID	KT_AN_BAV_AKTEN	1241	1241	
10	INDEX UNIQUE SCAN	KTABA_PK	1241	1241	
11	TABLE ACCESS BY INDEX ROWID	AN_GRUPPEN	1241	1241	
12	INDEX UNIQUE SCAN	ANGRU_PK	1241	1241	
13	INDEX UNIQUE SCAN	FPFON_PK	1241	1241	
14	TABLE ACCESS BY INDEX ROWID	FX_BALANCE	1241	1241	81.43
15	INDEX RANGE SCAN	FXBAL_FPFON_FK	1241	1G	18.44
16	INDEX RANGE SCAN	KTVAN_KTABA_FK_I			
17	TABLE ACCESS BY INDEX ROWID	KT_ANVERMKONTEN			

```
Query Block Name / Object Alias (identified by operation id):
-------------------------------------------------------------
   ...
   14 - SEL$5DA710D3 / B@SEL$2

Predicate Information (identified by operation id):
---------------------------------------------------
   ...
   14 - filter(("B"."FXBAL_ID"=:B2 AND "RISKFONDS"."KTABA_ID"="B"."KTABA_ID"))
   15 - access("RISKFONDS"."FPFON_ID"="B"."FPFON_ID")
```

Abb. 5.7 Ein nicht selektiver Index. Beispiel 2

P.: „Du bist also für eine Index-Erweiterung?"

A.: „Ja, wenn das wie in unserem Fall möglich ist. Der Index IDX_PROCESS_PERSON hatte zwei Spalten: PERSON_NUMBER und CS_ID. Er wurde um die Spalte PROCESS_CREATION erweitert, weil gerade diese Spalte selektiv war. Der erweiterte Index hat zugleich den Schritt 16 verbessert (s. den Filter zu diesem Schritt) und die Gesamtlaufzeit auf einen Sekundenbruchteil reduziert. War diese Analyse kompliziert für dich?"

P.: „Ganz im Gegenteil."

A.: „Dann schlage ich vor, dass du die nächste Analyse selber durchführst. Das nächste Beispiel ist aus zwei Gründen interessant. Es zeigt, dass ein ‚lokales' Problem im Ausführungsplan sehr stark die Laufzeit beeinträchtigen kann. Im Unterschied zum 1. Beispiel wurde der 2. Ausführungsplan mit Laufzeitstatistiken einem SQL-Monitoring-Report entnommen. Die Laufzeit des folgenden Ausführungsplans betrug 770 Sekunden (Abb. 5.7):"

P.: „Die Unterschiede zwischen dem SQL-Monitoring-Report und der Ausgabe von dbms_xplan.display_cursor sind nicht so groß. ‚Execs' bedeutet ‚Starts' und ‚Rows (Actual)' entspricht ‚A-Rows'. Wo hast du die Prädikate her?"

A.: „Diese Prädikate wurden zusätzlich mit dbms_xplan.display_cursor ermittelt, weil sie im SQL-Monitoring-Report fehlen."

P.: „Der Schritt mit der größten Kardinalität ist 15. In diesem Schritt wurden 1G Datensätze mit einem Index Range Scan über FXBAL_FPFON_FK ermittelt. Ich vermute, dass dieser Schritt ziemlich teuer ist. Der Schritt 14, in dem die Tabelle FX_BALANCE über die Rowid gelesen wird, ist aber noch teurer (zumindest laut der Information der Spalte ‚Activity (%)'). Die Kardinalität dieses Schrittes sinkt von 1G auf 1241. Der Filter in Schritt 14 ist also sehr selektiv. Ich würde den Index FXBAL_FPFON_FK um die jeweiligen Spalten erweitern. Ich weiß aber nicht, welche Spalten aus dem Filter der Tabelle FX_BALANCE angehören."

A.: „Dem Plan-Abschnitt ‚Query Block Name/Object Alias' kannst du entnehmen, dass die Tabelle FX_BALANCE den Alias B hat. Dementsprechend muss man den Index um die Spalten FXBAL_ID und KTABA_ID erweitern. Da der Index FXBAL_FPFON_FK eine einzige Spalte FPFON_ID hatte, konnte dieser Index problemlos um die zwei Spalten erweitert werden. Dies hat die Laufzeit auf 0,2 Sekunden verbessert. Deine Analyse ist also richtig."

5.1.3 Ein Index mit einem großen Clustering Factor

Autor: „Was der Clustering Factor ist, haben wir mit dir, Peter, in [1] detailliert besprochen. Könntest du bitte kurz erzählen, was Clustering Factor bedeutet und warum er für das SQL-Tuning wichtig ist."

Peter: „Ich kann das probieren. Der Clustering Factor ist eine Optimizer-Statistik, welche Oracle mit einem Index Full Scan für den jeweiligen Index folgendermaßen berechnet: Wenn zwei nacheinander folgende Index-Einträge auf Tabellensätze verweisen, die in verschiedenen Tabellenblöcken liegen, wird der Wert von Clustering Factor um 1 erhöht. Wenn sie zu einem Block gehören, bleibt dieser Wert unverändert. Der Initialwert vom Clustering Factor bei dieser Berechnung ist gleich 1."

A.: „Wie kann man den Clustering Factor beim SQL-Tuning gebrauchen?"

P.: „Diese Statistik zeigt, wie weit auseinander Index-Einträge und die entsprechenden Tabelleneinträge liegen."

A.: „Ich glaube, ich weiß, was du damit meinst. Deine Interpretation ist aber nicht ganz zutreffend. Bei welchen Operationen kann der Clustering Factor wichtig sein?"

P.: „In [1] wird gezeigt, dass der Clustering Factor gleich der Anzahl der Buffer Gets bei Tabellenzugriffen über die Rowid nach einem Full Index Scan ist. Mit dem Clustering Factor kann man die Effektivität der Tabellenzugriffe über die Rowid nach einem Full oder Range Index Scan einschätzen. Je größer der Clustering Factor, desto ineffektiver sind solche Tabellenzugriffe."

A.: „Richtig. Was ist ein guter und ein schlechter Wert des Clustering Factor."

P.: „Ein guter Wert liegt nahe der Anzahl der gefüllten Tabellenblöcke. Ein schlechter nah der Anzahl der Index-Einträge."

A.: „Sehr gut, Peter. Kann man einen Index mit einem großen Clustering Factor im Ausführungsplan erkennen?"

P.: „Dafür würde ich die Kardinalität vom Index Scan mit der Anzahl der Buffer Gets des darauffolgenden Tabellenzugriffs über die Rowid vergleichen. Wenn diese Werte nahe beieinander liegen, ist der Clustering Factor des Indexes vermutlich groß."

Id	Operation	Name	Starts	A-Rows	A-Time	Buffers
0	SELECT STATEMENT		1	28	00:09:22.19	5161K
	...					
18	TABLE ACCESS BY INDEX ROWID	PICKAUF	137K	4159K	00:07:58.00	4252K
* 19	INDEX RANGE SCAN	PI_PR_FK_I	137K	4159K	00:00:06.51	162K
	...					

Abb. 5.8 Der Index PI_PR_FK_I hat vermutlich einen großen Clustering Factor

A.: „Der Abschnitt aus einem Ausführungsplan demonstriert das (Abb. 5.8). Dieses Beispiel beschreiben wir vollständig im Abschnitt ‚Joins mit einer großen Treffermenge'."

P.: „Die Anzahl der Buffer Gets im Schritt 18 ist sogar größer als die Kardinalität im
Schritt 19. Wie kann das überhaupt sein?"

A.: „Du hast vergessen, dass die Laufzeitstatistik ‚Buffers' kumulativ ist (s. im Abschnitt
‚Laufzeitstatistiken'). Dies bedeutet, dass lediglich $4252K - 162K = 4090$ K Buffer
Gets bei den Tabellenzugriffen über die Rowid ausgeführt wurden. Diese Anzahl ist
kleiner als die Kardinalität von 4159 K im Schritt 19."

P.: „Kann man den Clustering Factor eines Indexes verkleinern?"

A.: „Ja, wenn man die Daten in die Tabelle einsortiert wie im Index einträgt. Diese Lösung
hat einige Nachteile und ist nicht immer praktikabel (s. im [1]). In einigen Situationen
kann man den jeweiligen Index erweitern, um den Tabellenzugriff über die Rowid zu
erübrigen (‚Index only'-Zugriff). Dies beseitigt den problematischen Schritt im Ausführungsplan."

5.1.4 Ein Sparse-Index

Autor: „Ein Sparse-Index hat wesentlich mehr Leaf-Blöcke als notwendig. Seine Leaf-
Blöcke sind karg mit den Daten gefüllt, einige Blöcke können gar leer sein. Sparse-
Indizes, deren Ermittlung und Performanz-Probleme, die sie verursachen, sind in [1]
beschrieben. Peter, bei welchen Operationen können Sparse-Indizes Performanz-Probleme verursachen?"

Peter: „Bei Index Scans, weil Oracle mehr Blöcke lesen muss als notwendig."

A.: „Wie kann man feststellen, ob ein Index zu viele Leaf-Blöcke hat?"

P.: „Das funktioniert mittels der Optimizer-Statistiken. Mit diesen Statistiken kann man
die Anzahl der für den Index notwendigen Leaf-Blöcke berechnen und diese Anzahl
mit der jeweiligen Index-Statistik LEAF_BLOCKS vergleichen. Nach diesem Prinzip funktioniert das Skript sparse_norm_idx9i.sql, welches man von der Internet-Seite
www.tutool.de/book herunterladen kann. Dort gibt es auch das zweite Skript estima-
te_sparse_norm_idx10 g.sql, das keine Optimizer-Statistiken benutzt, sondern alle für
die Berechnung notwendigen Daten selbst ermittelt. Dieses Skript ist genauer als das
erste, benötigt dafür aber wesentlich mehr Zeit und Ressourcen. Die beiden Skripte
sind in [1] beschrieben."

Id	Operation	Name	Starts	A-Rows	Buffers
0	SELECT STATEMENT		1	119	1774
1	SORT ORDER BY		1	119	1774
* 2	FILTER		1	119	1774
* 3	TABLE ACCESS BY INDEX ROWID	PROVIS_TRANSACTION	1	119	1774
* 4	INDEX RANGE SCAN	PROVIS_TRANSACTION_1IX	1	326	1751

Predicate Information (identified by operation id):

```
2 - filter(:B1>=:B0)
3 - filter(("GROUP_ID">=:B0 AND "GROUP_ID"<=:B1))
4 - access("PROCESS_IND"=:B2)
```

Abb. 5.9 Der Index PROVIS_TRANSACTION_1IX ist vermutlich ein Sparse-Index

A.: „Bei der Index-Statistik LEAF_BLOCKS muss man aufpassen, weil sie lediglich die gefüllten Index-Blöcke berücksichtigt. Ganz leere Leaf-Blöcke fehlen in dieser Statsitik (s. in [1])."

P.: „Wenn ein Index viele leere Leaf-Blöcke hat, muss die Differenz zwischen der Anzahl aller allozierten Index-Blöcke aus der View DBA_SEGMENTS für diesen Index und der Index-Statistik LEAF_BLOCKS gravierend sein. So kann man solche leeren Leaf-Blöcke feststellen."

A.: „Richtig, Peter. Kehren wir aber zum Ausführungsplan zurück. Wie würdest du dort einen Sparse-Index in einem Index Scan erkennen?"

P.: „Wenn ein Index zu viele Leaf-Blöcke hat, muss Oracle viele Blöcke beim Index Scan lesen. Normalerweise ist in diesem Fall die Laufzeitstatistik ‚Buffers' im Vergleich zur Kardinalität ziemlich groß."

A.: „Ich habe eine kleine Ergänzung zu dem, was du eben gesagt hast. Die Statistik ‚Kardinalität' beinhaltet die Anzahl der ermittelten Datensätze. Es kann also sein, dass auf viele Datensätze in einem Index Scan zugegriffen wird, aber nur wenige davon ermittelt werden."

P.: „Das verstehe ich nicht ganz."

A.: „Denke bitte an die Prädikate im ‚access' und im ‚filter' aus dem Abschnitt ‚Predicate Information' zurück. Auf die Daten wird mit den Prädikaten im ‚access' zugegriffen. Wenn keine Filter-Prädikate zum jeweiligen Index Scan existieren, ist die Kardinalität annährend gleich der Anzahl der zugegriffenen Datensätze. In diesem Fall kann man die Kardinalität und die Statistik ‚Buffers' miteinander vergleichen, um einen Sparse-Index festzustellen. Wie im Fall aus der Praxis, der in Abb. 5.9 dargestellt ist. Kannst du dort einen Sparse-Index erkennen?"

P.: „Das ist sehr einfach. Im Schritt 4 wurden 326 Datensätze bei dem Index Range Scan ermittelt. Dafür hat Oracle 1751 Buffer Gets gemacht. Der Index PROVIS_TRANS-ACTION_1IX scheint mir ein Sparse-Index zu sein. Muss man jeden Index Scan im Ausführungsplan so überprüfen? Es können doch ziemlich viele sein."

A.: „Natürlich nicht jeden. Für uns sind lediglich problematische Ausführungsplanschritte interessant. Also die Schritte mit einer großen Laufzeit (die Spalte ‚A-Time' in Ausführungsplan mit Laufzeitstatistiken) oder mit einer großen Aktivität (die Spalte ‚Activity (%)' in SQL-Monitoring-Report)."

P.: „Wurde der Index PROVIS_TRANSACTION_1IX umgebaut?"

A.: „Ja. Das Ergebnis kannst du unten sehen (Abb. 5.10):"

Id	Operation	Name	Starts	A-Rows	Buffers
0	SELECT STATEMENT		1	119	24
1	SORT ORDER BY		1	119	24
* 2	FILTER		1	119	24
* 3	TABLE ACCESS BY INDEX ROWID	PROVIS_TRANSACTION	1	119	24
* 4	INDEX RANGE SCAN	PROVIS_TRANSACTION_1IX	1	326	1

Abb. 5.10 Der Ausführungsplan nach dem Index-Umbau von PROVIS_TRANSACTION_1IX

```
select /*+ index(t1 i1_t1) no_index_ss(t1) */ count(*) from t1 where
a=1 and c between 100 and 110

Plan hash value: 2778874372
```

Id	Operation	Name	Starts	A-Rows	Buffers
0	SELECT STATEMENT		1	1	160
1	SORT AGGREGATE		1	1	160
* 2	INDEX RANGE SCAN	I1_T1	1	11	160

```
Predicate Information (identified by operation id):
---------------------------------------------------

   2 - access("A"=1 AND "C">=100 AND "C"<=110)
       filter(("C"<=110 AND "C">=100))
```

Abb. 5.11 Selektiver Filter beim Index Range Scan

P.: „Kann man jeden Sparse-Index bedenkenlos umbauen?"

A.: „Wenn auf einen Index konkurrierend zugegriffen wird, kann sein Umbau gravierende Wartezeit auf ‚latch: cache buffers chains' verursachen (s. in [1]). Dies ist nicht die einzig mögliche schlechte Auswirkung eines Index-Umbaus, aber gerade diese kann die Performanz stark beeinträchtigen. Peter, ich habe bereits angedeutet, dass viele Buffer Gets und eine verhältnismäßig kleine Kardinalität bei einem Index Range Scan nicht immer für einen Sparse-Index sprechen."

P.: „Ich kann dir leider keine andere Ursache nennen."

A.: „Wenn der jeweilige Index Scan auch Filter-Prädikate hat, können gerade sie (also keine Prädikate bei ‚access') selektiv sein und viel zu einer kleinen Kardinalität beitragen. In diesem Fall kann es nichts mit einem Sparse-Index zu tun haben."

P.: „Was meinst du damit?"

A.: „Ich zeige das an einem Beispiel. Legen wir eine Tabelle T1 an und füllen sie mit den Daten. Alle Werte in der Spalte A sind gleich 1. Die Spalte C befüllen wir so, dass diese Spalte sehr selektiv ist. Die Werte in den restlichen Spalten sind für uns nicht wichtig. Legen wir einen Index für die drei Spalten an:

```
SQL> create index i1_t1 on t1(a,b,c);

Index created.

SQL> select leaf_blocks from user_indexes where index_name='I1_T1';

LEAF_BLOCKS
-----------
        159
```

Danach führen wir die folgende SQL-Anweisung aus (Abb. 5.11).

```
select /*+ index(t1 i1_t1) */ count(*) from t1 where
a=1 and c between 100 and 110

Plan hash value: 2778874372
```

Id	Operation	Name	Starts	A-Rows	Buffers
0	SELECT STATEMENT		1	1	175
1	SORT AGGREGATE		1	1	175
* 2	INDEX RANGE SCAN	I1_T1	1	11	175

```
Predicate Information (identified by operation id):
---------------------------------------------------

   2 - access("A"=1)
       filter((TO_NUMBER("C")>=100 AND TO_NUMBER("C")<=110))
```

Abb. 5.12 Selektiver Filter beim Index Range Scan wegen der Typ-Umwandlung

Wie du siehst, wurden alle Leaf-Blöcke beim Index Range Scan gelesen. Die Anzahl der ermittelten Datensätze ist dank der hohen Selektivität der Spalte C gering. Die Datensätze wurden vom Filter (("C"<=110 AND "C">=100)) ausgefiltert."

P.: „Das sieht in der Tat sehr ähnlich einem Sparse-Index aus. Mit dem Hint NO_INDEX_SS hast du einen Index Skip Scan verboten. Warum?"

A.: „Weil ein Beispiel mit Index Range Scan einfacher zu verstehen ist. Wenn die Statistik ‚Buffers' im Vergleich zur Kardinalität eines Index Skip Scan groß ist, spricht das normalerweise auch dafür, dass entweder der jeweilige Index ein Sparse-Index ist oder der Index Skip Scan einfach nicht effektiv ist, obwohl der zugehörige Filter selektiv ist. Da ein Filter zu jedem Index Skip Scan gehört, muss man diese beiden Möglichkeiten überprüfen."

P.: „Löst man Probleme mit einem selektiven Filter durch Anlegen eines Indexes für die Filter-Prädikate?"

A.: „Es kann sein, dass die selektive Index-Spalte wegen einer Typ-Umwandlung nicht im ‚access', sondern lediglich im ‚filter' geprüft werden kann. Ändern wir den Typ der Spalte C auf VARCHAR2 und füllen die Tabelle T1 mit den Daten, sodass die Werte in der Spalte C nummerisch sind. Der Index I1_T1 hat in diesem Beispiel nur zwei Spalten: A und C. Führen wir die SQL-Anweisung aus (Abb. 5.12).

Mit dem Anlegen eines FBI (function based index) für das Filter-Prädikat kann man sicherlich auch die Anzahl der Buffer Gets reduzieren. Es ist aber vernünftiger, den problematischen Daten-Typ in der Tabelle zu ändern. Man muss also jeden problematischen Index Scan mit einem selektiven Filter einzeln analysieren und die passenden Verbesserungsmaßnahmen ergreifen."

5.1.5 Nested Loop Join statt Hash Join und umgekehrt

Autor: „In diesem Abschnitt besprechen wir, wie man im Ausführungsplan erkennen kann, dass ein Hash Join günstiger ist als ein angewendeter Nested Loop Join und umgekehrt."

Peter: „Passiert das in Oracle 12 nicht sogar automatisch?"

A.: „Du hast recht. Dafür verwendet Oracle das Feature ‚Adaptive Plan'. Bereits beim Parsen berechnet Oracle die beiden Varianten (Hash Join und Nested Loop Join) und entscheidet sich erst zur Laufzeit für eine dieser Varianten. Es ist wichtig zu wissen, dass diese Join-Methoden nicht immer alternativ sind."

P.: „Warum?"

A.: „Im Unterschied zum Nested Loop Join kann der Hash Join lediglich bei Equi-Joins (Joins mit Gleichheitsbedingungen) angewendet werden."

P.: „Jetzt verstehe ich: Der Hash Join basiert auf einem Hash-Algorithmus, für den nur die Gleichheitsbedingungen in Frage kommen."

A.: „Richtig. Bevor wir den Nested Loop Join und den Hash Join im Ausführungsplan analysieren, müssen wir uns auf die Terminologie einigen. Ein Nested Loop Join besteht aus zwei Zyklen: Outer Loop und Inner Loop. Im ersten Zyklus werden die Datensätze aus der Outer-Tabelle gelesen. Für jeden im ersten Zyklus ermittelten Datensatz wird der zweite Zyklus ausgeführt, bei dem die Daten aus der zweiten Tabelle (Inner-Tabelle) über die Join-Bedingung ermittelt werden. Beim Hash Join funktioniert das folgendermaßen: Zunächst wird eine Hash-Tabelle für die Join-Spalten aus der ersten Tabelle (Build-Tabelle) im Speicher gebildet. Dann werden alle Datensätze aus der zweiten Tabelle (Probe-Tabelle) gegen die Hash-Tabelle geprüft. Peter, könntest du bitte sagen, unter welchen Bedingungen ein Nested Loop Join sinnvoll ist."

P.: „Ich denke, die Kardinalität des Outer Loop sollte relativ gering sein. Sonst werden zu viele Inner Loops ausführen."

A.: „Das ist richtig, aber nicht ausreichend."

P.: „Ich glaube, ich weiß, welche Bedingung noch fehlt. Die Kardinalität des Inner Loop muss auch gering sein. Je geringer, desto effektiver ist der Nested Loop Join."

A.: „Sehr gut, Peter. Wenn die Kardinalität des Outer oder des Inner Loop groß ist, ist der jeweilige Nested Loop Join nicht effektiv. Wenn das ein Equi-Join ist, kann man versuchen, den Hash Join statt des Nested Loop Join anzuwenden. Nehmen wir als Beispiel den folgenden Ausführungsplan einer SQL-Anweisung aus dem SYSMAN-Schema von Oracle (Abb. 5.13).
Die Laufzeit der jeweiligen SQL-Anweisung mit diesem Ausführungsplan betrug 573 Sekunden. Peter, könntest du bitte diesen Plan analysieren."

P.: „Die problematischen Schritte dieses Planes sind 18 und 19. In Schritt 19 wurden 584 Millionen Datensätze ermittelt. In Schritt 18 wurde auf die Tabelle EM_METRIC_ITEMS für jeden dieser 584 Millionen Datensätze über die Rowid zugegriffen. Dabei sank die Kardinalität auf 8 Millionen. Dieser Schritt ist der teuerste im Ausführungsplan. Wir könnten versuchen, die Kardinalität im Schritt 19 zu reduzieren."

A.: „Peter, ich befürchte, dass deine Analyse in eine falsche Richtung geht. Auch wenn du recht hast, können wir die Kardinalität in Schritt 19 nicht reduzieren, weil SYSMAN ein Schema von Oracle selbst ist und wir dort keine Änderungen, wie z. B. eine Index-Erweiterung, machen dürfen. Konzentriere dich bitte auf Nested Loops."

SQL Plan Monitoring Details (Plan Hash Value=2535171835)

Id	Operation	Name	Execs	Rows (Actual)	Activity (%)
0	SELECT STATEMENT		1	25	
1	VIEW	GC_METRIC_LATEST	1	25	
2	UNION-ALL		1	25	
3	FILTER		1	23	
4	NESTED LOOPS		1	23	
5	NESTED LOOPS		1	23	
6	NESTED LOOPS		1	8M	
7	NESTED LOOPS		1	966	
8	HASH JOIN		1	966	
9	HASH JOIN		1	966	
10	TABLE ACCESS FULL	EM_METRIC_COLUMNS	1	1625	
11	NESTED LOOPS		1	3136	
12	TABLE ACCESS BY INDEX ROWID	EM_METRIC_GROUPS	1	12	
13	INDEX RANGE SCAN	EM_METRIC_GROUPS_PK	1	12	
14	INDEX RANGE SCAN	EM_METRIC_COLUMN_VER_PK	12	3136	
15	TABLE ACCESS FULL	EM_METRIC_GROUP_VER	1	61661	
16	TABLE ACCESS BY INDEX ROWID	EM_METRIC_KEYS	966	966	
17	INDEX RANGE SCAN	EM_METRIC_KEYS_PK	966	1932	
18	TABLE ACCESS BY INDEX ROWID	EM_METRIC_ITEMS	966	8M	41.36
19	INDEX RANGE SCAN	EM_METRIC_ITEMS_KEY_IDX	966	584M	23.73
20	INLIST ITERATOR		8M	23	0.52
21	TABLE ACCESS BY INDEX ROWID	EM_MANAGEABLE_ENTITIES	38M	23	1.40
22	INDEX RANGE SCAN	EM_MANAGEABLE_ENTITIES_PK	38M	3M	24.78
23	PARTITION RANGE ITERATOR		33	23	
24	INDEX UNIQUE SCAN	EM_METRIC_VALUES_PK	33	23	
25	NESTED LOOPS				
26	TABLE ACCESS BY INDEX ROWID	EM_MEXT_TARGET_ASSOC			
27	INDEX UNIQUE SCAN	MEXT_TARGET_ASSOC_UN			
28	INDEX UNIQUE SCAN	MEXT_COLUMNS_PK			
29	FILTER		1	2	
30	NESTED LOOPS		1	2	
31	NESTED LOOPS		1	2	
32	NESTED LOOPS		1	2	
33	NESTED LOOPS		1	652K	
34	NESTED LOOPS		1	89	
35	HASH JOIN		1	89	
36	HASH JOIN		1	89	
37	TABLE ACCESS FULL	EM_METRIC_COLUMNS	1	11	
38	NESTED LOOPS		1	3136	
39	TABLE ACCESS BY INDEX ROWID	EM_METRIC_GROUPS	1	12	
40	INDEX RANGE SCAN	EM_METRIC_GROUPS_PK	1	12	
41	INDEX RANGE SCAN	EM_METRIC_COLUMN_VER_PK	12	3136	
42	TABLE ACCESS FULL	EM_METRIC_GROUP_VER	1	61661	
43	TABLE ACCESS BY INDEX ROWID	EM_METRIC_KEYS	89	89	
44	INDEX RANGE SCAN	EM_METRIC_KEYS_PK	89	178	
45	TABLE ACCESS BY INDEX ROWID	EM_METRIC_ITEMS	89	652K	4.19
46	INDEX RANGE SCAN	EM_METRIC_ITEMS_KEY_IDX	89	54M	1.22
47	INLIST ITERATOR		652K	2	0.17
48	TABLE ACCESS BY INDEX ROWID	EM_MANAGEABLE_ENTITIES	3M	2	0.35
49	INDEX RANGE SCAN	EM_MANAGEABLE_ENTITIES_PK	3M	230K	2.27
50	INDEX UNIQUE SCAN	EM_METRIC_STRING_LATEST_PK	2	2	
51	TABLE ACCESS BY INDEX ROWID	EM_METRIC_STRING_LATEST	2	2	
52	NESTED LOOPS				
53	TABLE ACCESS BY INDEX ROWID	EM_MEXT_TARGET_ASSOC			
54	INDEX UNIQUE SCAN	MEXT_TARGET_ASSOC_UN			
55	INDEX UNIQUE SCAN	MEXT_COLUMNS_PK			

Query Block Name / Object Alias (identified by operation id):

...
 12 - SEL$F32B35FB / G@SEL$2
...
 18 - SEL$F32B35FB / I@GMVL
 19 - SEL$F32B35FB / I@GMVL
...
 21 - SEL$F32B35FB / ME@SEL$3
...
 45 - SEL$E18A34F2 / I@GMSVL
 46 - SEL$E18A34F2 / I@GMSVL
...

Predicate Information (identified by operation id):

...
 18 - filter(("I"."METRIC_GROUP_ID">=1 AND "I"."METRIC_GROUP_ID"="G"."METRIC_GROUP_ID" AND
("I"."IS_CURRENT"='1' OR "G"."KEYS_FROM_MULT_COLS"=1)
))
 19 - access("I"."METRIC_KEY_ID"="K"."METRIC_KEY_ID")
...

Abb. 5.13 Ein nicht effektiver Nested Loop Join

P.: „Okay. Die Schritte 18 und 19 gehören zum Nested Loop Join in Schritt 6. In diesem Nested Loop Join wurden 966 Datensätze aus dem Join in Schritt 7 mit der Tabelle EM_METRIC_ITEMS verknüpft. Laut den jeweiligen Prädikaten ist das ein Equi-Join. Die Kardinalität des Inner Loop in diesem Join betrug 8 Millionen (s. im Schritt 18). Da das ein großer Wert ist, könnte man versuchen, diesen Nested Loop Join durch einen Hash Join zu ersetzen."

A.: „Der Hash Join kann die beiden problematischen Schritte 18 und 19 beseitigen. Laut der Optimizer-Statistiken hatte die Tabelle EM_METRIC_ITEMS ca. 7,5 Millionen Datensätze. Da diese Tabelle nicht übermäßig groß war, wurde probiert, auf diese Tabelle mit einem FTS zuzugreifen. Mit diesen zwei Optimizer-Hints ersetzt man den problematischen Nested Loop Join durch einen Hash Join":

```
full(@SEL$F32B35FB I@GMVL) use_hash(@SEL$F32B35FB I@GMVL)
```

Im Ausführungsplan gibt es noch einen ähnlichen Nested Loop Join im Schritt 33. Obwohl dieser Join nicht so inperformant wie der erste war, entschied man auch hier, einen Hash Join anzuwenden. Dafür wurden die folgenden Hints genutzt:

```
full(@SEL$E18A34F2 I@GMSVL) use_hash(@SEL$E18A34F2 I@GMSVL)
```

Diese Hash Joins haben die Laufzeit auf ein Zehntel (also auf 30–50 s) reduziert. Der jeweilige Ausführungsplan ist in Abb. 5.14 dargestellt.

P.: „Ich sehe, dass sich die beiden Ausführungspläne lediglich in zwei Joins unterscheiden. Wie geht das?"

A.: „Für die zweite Ausführung kamen die Outlines vom ersten Plan zum Einsatz, in denen nur die für Nested Loop Joins relevanten Hints durch die vier oben aufgelisteten Hints für Hash Joins ersetzt wurden. Dieses Beispiel zeigt, wie einfach man eine SQL-Anweisung 10-fach beschleunigen kann. Im nächsten Abschnitt wird mit dem Tuning dieser SQL-Anweisung fortgefahren."

P.: „Wie ein nicht effektiver Nested Loop Join erkannt und durch einen Hash Join ersetzt wird, ist mir jetzt klar. Wie erkennt man einen nicht effektiven Hash Join?"

A.: „Probiere deine Frage selbst zu beantworten."

P.: „Die Kardinalität beim Zugriff auf die Build-Tabelle in einem Hash Join muss relativ gering sein, sodass der Outer Loop des einzuführenden Nested Loop Join effektiv sein wird. Die Treffermenge des Hash Join muss auch gering sein, damit die Kardinalität des Inner Join auch gering ist. Wenn diese beiden Bedingungen erfüllt sind, kann man den jeweiligen Hash Join durch einen Nested Loop ersetzen."

A.: „Absolut richtig. Da die Analyse ziemlich einfach ist, ersparen wir uns das jeweilige Beispiel."

SQL Plan Monitoring Details (Plan Hash Value=1326981145)

Id	Operation	Name	Execs	Rows (Actual)	Activity (%)
0	SELECT STATEMENT		1	25	2.86
1	VIEW	GC METRIC LATEST	1	25	
2	UNION-ALL		1	25	
3	FILTER		1	23	
4	NESTED LOOPS		1	23	
5	HASH JOIN		1	23	45.71
6	HASH JOIN		1	8M	20.00
7	NESTED LOOPS		1	966	
8	NESTED LOOPS		1	1932	
9	HASH JOIN		1	966	
10	HASH JOIN		1	966	
11	TABLE ACCESS FULL	EM METRIC COLUMNS	1	1625	
12	NESTED LOOPS		1	3136	
13	TABLE ACCESS BY INDEX ROWID	EM METRIC_GROUPS	1	12	
14	INDEX RANGE SCAN	EM METRIC_GROUPS_PK	1	12	
15	INDEX RANGE SCAN	EM METRIC COLUMN VER PK	12	3136	
16	TABLE ACCESS FULL	EM METRIC_GROUP_VER	1	61661	
17	INDEX RANGE SCAN	EM METRIC KEYS PK	966	1932	
18	TABLE ACCESS BY INDEX ROWID	EM_METRIC_KEYS	1932	966	
19	TABLE ACCESS FULL	EM METRIC ITEMS	1	8M	11.43
20	TABLE ACCESS FULL	EM MANAGEABLE ENTITIES	1	1	
21	PARTITION RANGE ITERATOR		23	23	
22	INDEX UNIQUE SCAN	EM METRIC VALUES PK	23	23	
23	NESTED LOOPS				
24	TABLE ACCESS BY INDEX ROWID	EM_MEXT_TARGET_ASSOC			
25	INDEX UNIQUE SCAN	MEXT_TARGET_ASSOC_UN			
26	INDEX UNIQUE SCAN	MEXT COLUMNS PK			
27	FILTER		1	2	
28	NESTED LOOPS		1	2	
29	NESTED LOOPS		1	2	
30	NESTED LOOPS		1	2	
31	HASH JOIN		1	652K	2.86
32	NESTED LOOPS		1	89	
33	NESTED LOOPS		1	178	
34	HASH JOIN		1	89	
35	HASH JOIN		1	89	
36	TABLE ACCESS FULL	EM METRIC COLUMNS	1	11	
37	NESTED LOOPS		1	3136	
38	TABLE ACCESS BY INDEX ROWID	EM_METRIC_GROUPS	1	12	
39	INDEX RANGE SCAN	EM METRIC_GROUPS_PK	1	12	
40	INDEX RANGE SCAN	EM METRIC COLUMN VER PK	12	3136	
41	TABLE ACCESS FULL	EM METRIC GROUP VER	1	61661	
42	INDEX RANGE SCAN	EM METRIC KEYS PK	89	178	
43	TABLE ACCESS BY INDEX ROWID	EM_METRIC_KEYS	178	89	
44	TABLE ACCESS FULL	EM METRIC ITEMS	1	8M	
45	INLIST ITERATOR		652K	2	
46	TABLE ACCESS BY INDEX ROWID	EM_MANAGEABLE_ENTITIES	3M	2	
47	INDEX RANGE SCAN	EM MANAGEABLE ENTITIES PK	3M	228K	14.29
48	INDEX UNIQUE SCAN	EM METRIC STRING LATEST PK	2	2	
49	TABLE ACCESS BY INDEX ROWID	EM_METRIC_STRING_LATEST	2	2	
50	NESTED LOOPS				
51	TABLE ACCESS BY INDEX ROWID	EM_MEXT_TARGET_ASSOC			
52	INDEX UNIQUE SCAN	MEXT TARGET ASSOC UN			
53	INDEX UNIQUE SCAN	MEXT COLUMNS PK			

Abb. 5.14 Der Ausführungsplan nach der Ersetzung der Nested Loop Joins durch die Hash Joins

5.2 „Globale" Probleme im Ausführungsplan

Dieser Abschnitt ist den Problemen gewidmet, die in der Regel mehrere Ausführungsplanschritte beeinträchtigen. Sie sind normalerweise nicht so lokalisiert wie die im vorherigen Abschnitt beschriebenen Probleme und haben demnach einen „globalen" Charakter.

Autor: „Peter, kannst du sagen, welche SQL-Anweisungen bzw. welche Ausführungspläne von ‚globalen' Problemen betroffen sein können?"

Peter: „Ich vermute, dass diese Probleme in einem Join von mehreren Tabellen auftreten können."

A.: „Absolut richtig. Was kann denn ‚globale' Probleme in einem Join von mehreren Tabellen verursachen?"

P.: „Eine ungünstige Tabellenreihenfolge im Ausführungsplan dieses Join?"

A.: „Das hast du wieder richtig getroffen. Könntest du bitte etwas konkretisieren, wie sich ein ‚globales' Problem äußert?"

P.: „Die Treffermenge bei einigen Ausführungsplanschritten ist unnötig groß. Da dies die Performanz der nachfolgenden Ausführungsplanschritte beeinflusst, kann man solch ein Problem als ‚global' bezeichnen."

A.: „Danke, Peter. In diesem Abschnitt besprechen wir Probleme, welche wegen einer ungünstigen Tabellenreihenfolge im Ausführungsplan eines Join auftreten können. Wir lernen hier, wie man eine ungünstige Tabellenreihenfolge erkennen und ändern kann. Ich möchte mit der Änderung einer Tabellenreihenfolge im Join anfangen."

5.2.1 Formale Regeln zur Änderung der Tabellenreihenfolge im Join

Autor: „Bei jeder Änderung der Tabellenreihenfolge im Join muss man aufpassen, da man dabei leicht ein kartesisches Produkt verursachen kann."

Peter: „Dies passiert, wenn zwei Tabellen im Join miteinander nicht verknüpft sind."

A.: „Ja, es gibt keine Join-Prädikate für zwei Tabellen. Dann muss Oracle jeden Datensatz der ersten Tabelle mit jedem Datensatz der zweiten Tabelle verknüpfen. Die Treffermenge des kartesischen Produkts hat N1 x N2 Datensätze, wobei N1, N2 die Kardinalitäten jeweils der ersten und der zweiten Tabelle sind."

P.: „Ist ein kartesisches Produkt im Ausführungsplan immer schlecht?"

A.: „Nicht immer. Der Optimizer entscheidet sich manchmal für ein kartesisches Produkt, auch wenn ein Ausführungsplan ohne kartesisches Produkt möglich wäre."

P.: „In so einem Fall müssen Kardinalitäten der beiden im kartesischen Produkt beteiligten Tabellen sehr klein sein."

A.: „Richtig. Meistens verursacht ein kartesisches Produkt aber eine schlechte Performanz, weil sein Ergebnis in der Regel groß oder sehr groß ist. Aus diesem Grund sollte man dieses Konstrukt möglichst meiden. Betrachten wir zunächst Inner Joins und zeigen an einem einfachen Beispiel, wie man eine Tabelle in der Join-Reihenfolge verschiebt,

```
SQL> explain plan set statement_id='TTT' into sys.plan_table for
  2  select /*+ leading(t0 t1 t2 t3 t4 t5) */ * from t0, t1, t2, t3, t4, t5
  3  where
  4  t0.a = t1.a and
  5  t1.b = t2.b and
  6  t2.c = t3.c and
  7  t2.d = t4.d and
  8  t4.e = t5.e and
  9  t4.h = t0.h and
 10  t0.f = :b1 and
 11  t4.j = :b2;

Plan hash value: 392760849
```

Id	Operation	Name	Rows	Bytes	Cost	(%CPU)	Time
0	SELECT STATEMENT		1	624	15	(20)	00:00:01
* 1	HASH JOIN		1	624	15	(20)	00:00:01
* 2	HASH JOIN		1	520	12	(17)	00:00:01
* 3	HASH JOIN		1	416	10	(20)	00:00:01
* 4	HASH JOIN		1	312	7	(15)	00:00:01
* 5	HASH JOIN		1	208	5	(20)	00:00:01
* 6	TABLE ACCESS FULL	T0	1	104	2	(0)	00:00:01
7	TABLE ACCESS FULL	T1	82	8528	2	(0)	00:00:01
8	TABLE ACCESS FULL	T2	82	8528	2	(0)	00:00:01
9	TABLE ACCESS FULL	T3	82	8528	2	(0)	00:00:01
* 10	TABLE ACCESS FULL	T4	1	104	2	(0)	00:00:01
11	TABLE ACCESS FULL	T5	82	8528	2	(0)	00:00:01

Abb. 5.15 Inner Join ohne kartesisches Produkt

ohne ein kartesisches Produkt zu verursachen. In der folgenden SQL-Anweisung ist die Tabelle T4 sowohl mit T2 als auch mit T0 verknüpft (Abb. 5.15).

Du siehst, Peter, es gibt kein kartesisches Produkt im Ausführungsplan in Abb. 5.15. Könntest du bitte sagen, warum?"

P.: „Vermutlich weil jede Tabelle an der zweiten, dritten usw. Stelle in diesem Join mit einer voranstehenden Tabelle verknüpft ist."

A.: „Sehr gut. Wenn wir jetzt die Tabelle T4 verschieben, sollte es so bleiben. Können wir T4 an die dritte Stelle verschieben (also nach der Tabelle T1)?"

P.: „Ja, weil sie mit T0 verknüpft ist."

A.: „Der Ausführungsplan in Abb. 5.16 beweist, dass du recht hast."

P.: „Ich denke, die Tabellenreihenfolgen T0, T4, T1, T2, T3, T5 und T4, T0, T1, T2, T3, T5 sollten auch kein kartesisches Produkt verursachen."

A.: „Das stimmt. Du kannst das selber prüfen. Bist du jetzt imstande, eine Regel für die Verschiebung einer Tabelle im Join zu formulieren?"

P.: „Ich versuche es. Man kann eine Tabelle im Join verschieben, ohne ein kartesisches Produkt zu verursachen, wenn diese Tabelle an der neuen Stelle mit einer voranstehenden verknüpft ist. Man kann eine Tabelle an die erste Stelle verschieben, wenn sie mit der zweiten Tabelle verknüpft ist."

A.: „Solch eine Verschiebung allein garantiert noch keine Performanzverbesserung. In den nächsten Abschnitten lernen wir, wie man eine Tabelle im Join verschieben kann, um eine Performanzverbesserung zu erzielen."

P.: „Ich habe eine Frage. Im Fall einer Tabellenkette im Join, in der jede Tabelle lediglich mit der nächsten verknüpft ist, gibt es nicht viele Varianten für Tabellenverschiebungen. Wir können die Reihenfolge nur umdrehen. Stimmt das?"

A.: „Schauen wir gemeinsam nach. Nehmen wir die folgende Tabellenkette: T0=>T1=>T2=>T3=>T4, das Symbol ‚=>' bedeutet hier eine Verknüpfung. Nach

```
SQL> explain plan set statement_id='TTT' into sys.plan_table for
  2  select /*+ leading(t0 t1 t4 t2 t3 t5) */ * from t0, t1, t2, t3, t4, t5
  3  where
  4  t0.a = t1.a and
  5  t1.b = t2.b and
  6  t2.c = t3.c and
  7  t2.d = t4.d and
  8  t4.e = t5.e and
  9  t4.h = t0.h and
 10  t0.f = :b1 and
 11  t4.j = :b2;
```

Plan hash value: 281742934

Id	Operation	Name	Rows	Bytes	Cost (%CPU)	Time
0	SELECT STATEMENT		1	624	15 (20)	00:00:01
* 1	HASH JOIN		1	624	15 (20)	00:00:01
* 2	HASH JOIN		1	520	12 (17)	00:00:01
* 3	HASH JOIN		1	416	10 (20)	00:00:01
* 4	HASH JOIN		1	312	7 (15)	00:00:01
* 5	HASH JOIN		1	208	5 (20)	00:00:01
* 6	TABLE ACCESS FULL	T0	1	104	2 (0)	00:00:01
7	TABLE ACCESS FULL	T1	82	8528	2 (0)	00:00:01
* 8	TABLE ACCESS FULL	T4	1	104	2 (0)	00:00:01
9	TABLE ACCESS FULL	T2	82	8528	2 (0)	00:00:01
10	TABLE ACCESS FULL	T3	82	8528	2 (0)	00:00:01
11	TABLE ACCESS FULL	T5	82	8528	2 (0)	00:00:01

Abb. 5.16 Verschiebung einer Tabelle im Join ohne kartesisches Produkt

unserer Regel können wir T1 an die erste Stelle verschieben: T1, T0, T2, T3, T4. Danach können wir T2 entweder auch an die erste oder an die zweite Stelle verschieben, also T2, T1, T0, T3, T4 oder T1, T2, T0, T3, T4. Und so weiter. Wie du siehst, gibt es ziemlich viele Varianten für eine Tabellenverschiebung in einer Tabellenkette. Ich sehe also keinen Grund, Tabellenketten als einen Sonderfall zu betrachten. In Abb. 5.17 ist solch eine Änderung der Tabellenreihenfolge in einer Tabellenkette dargestellt."

P.: „Einverstanden. Sind wir mit Inner Joins fertig?"

A.: „Ja, wir können zu Outer Joins übergehen. Peter, könntest du uns bitte noch einmal ins Gedächtnis rufen, was das ist."

P.: „Das Ergebnis von einem Left Outer Join (oder einem Left Join) von zwei Tabellen T1 und T2 besteht aus dem Ergebnis vom jeweiligen Inner Join dieser Tabellen und den restlichen Datensätzen der Tabelle T1, für die der Inner Join kein Ergebnis bringt (die Spaltenwerte der Tabelle T2 enthalten in diesem Fall Null-Werte). Ein Right Outer Join (oder ein Right Join) von zwei Tabellen T1 und T2 ist ein Left Join von T2 und T1. Ein Full Outer Join von zwei Tabellen T1 und T2 ist eine Kombination von einem Left und einem Right Join dieser Tabellen."

A.: „Es genügt also, wenn wir lediglich Left und Full Outer Join betrachten. Ein Left Join ist eine steife Konstruktion, in der keine Änderung der Tabellenreihenfolge möglich ist (Abb. 5.18)."

P.: „Was ist mit dem Full Outer Join?"

A.: „Dort kann man die Tabellenreihenfolge ändern, weil das eine symmetrische Operation ist (s. Abb. 5.19). Diese Änderung bringt aber nichts für die Performanzverbesserung."

P.: „Dann ist die Änderung der Tabellenreihenfolge keine Option für Outer Joins. Sie ist entweder unmöglich oder bringt nichts."

```
SQL> explain plan set statement_id='TTT' into sys.plan_table for
  2  select /*+ leading(t3 t2 t1 t0 t4) */ * from t0, t1, t2, t3, t4
  3  where
  4  t0.a = t1.a and
  5  t1.b = t2.b and
  6  t2.c = t3.c and
  7  t3.d = t4.d and
  8  t0.e = :b1 and
  9  t4.f = :b2;

Plan hash value: 3764228295
```

Id	Operation	Name	Rows	Bytes	Cost (%CPU)	Time
0	SELECT STATEMENT		1	520	12 (17)	00:00:01
* 1	HASH JOIN		1	520	12 (17)	00:00:01
* 2	HASH JOIN		1	416	10 (20)	00:00:01
* 3	TABLE ACCESS FULL	T0	1	104	2 (0)	00:00:01
* 4	HASH JOIN		82	25584	7 (15)	00:00:01
5	TABLE ACCESS FULL	T1	82	8528	2 (0)	00:00:01
* 6	HASH JOIN		82	17056	5 (20)	00:00:01
7	TABLE ACCESS FULL	T3	82	8528	2 (0)	00:00:01
8	TABLE ACCESS FULL	T2	82	8528	2 (0)	00:00:01
* 9	TABLE ACCESS FULL	T4	1	104	2 (0)	00:00:01

Abb. 5.17 Änderung der Tabellenreihenfolge in einer Tabellenkette

```
SQL> explain plan set statement_id='TTT' into sys.plan_table for
  2  select /*+ leading(t2 t1) */ t1.a, t2.a from t1 left join t2 on (t1.a=t2.a);

Plan hash value: 1823443478
```

Id	Operation	Name	Rows	Bytes	Cost (%CPU)	Time
0	SELECT STATEMENT		82	2132	5 (20)	00:00:01
* 1	HASH JOIN OUTER		82	2132	5 (20)	00:00:01
2	TABLE ACCESS FULL	T1	82	1066	2 (0)	00:00:01
3	TABLE ACCESS FULL	T2	82	1066	2 (0)	00:00:01

Abb. 5.18 Left Join. Keine Änderung der Tabellenreihenfolge ist möglich

```
SQL> explain plan set statement_id='TTT' into sys.plan_table for
  2  select /*+ LEADING(@"SEL$1" "T2"@"SEL$1" "T1"@"SEL$1") */ t1.a, t2.a from t1 full join t2 on
(t1.a=t2.a);

Plan hash value: 3807180574
```

Id	Operation	Name	Rows	Bytes	Cost (%CPU)	Time
0	SELECT STATEMENT		82	2132	5 (20)	00:00:01
1	VIEW	VW FOJ 0	82	2132	5 (20)	00:00:01
* 2	HASH JOIN FULL OUTER		82	2132	5 (20)	00:00:01
3	TABLE ACCESS FULL	T2	82	1066	2 (0)	00:00:01
4	TABLE ACCESS FULL	T1	82	1066	2 (0)	00:00:01

Abb. 5.19 Full Outer Join

A.: „Im Prinzip ja. Wenn wir aber eine Kombination von Inner und Outer Joins haben, können wir einiges unternehmen. Wir können beispielsweise einen Outer Join komplett im Join verschieben. Dies wird in Abb. 5.20 und 5.21 demonstriert.

Es ist auch möglich, eine Tabelle zwischen den Tabellen eines Outer Join in der Tabellenreihenfolge einzuordnen. In der SQL-Anweisung in Abb. 5.22 ist die Tabelle T4 mit einem Inner Join mit der Tabelle T1 verbunden. Wir können also diese Tabelle zwischen die Tabellen T2 und T3 schieben (welche mit einem Outer Join miteinander verknüpft sind), ohne ein kartesisches Produkt zu verursachen (s. Abb. 5.23). Wenn die Tabelle T4 eine große Kardinalität hat, würde ich von dieser Verschiebung aber

```
SQL> explain plan set statement_id='TTT' into sys.plan_table for
  2  select /*+ leading(t1 t2 t3) */ * from t1 inner join t2 on (t1.a = t2.a) left join t3 on
(t2.b = t3.b) where t1.c = :b1 and t2.c = :b2;

Plan hash value: 133157483
```

Id	Operation	Name	Rows	Bytes	Cost (%CPU)	Time
0	SELECT STATEMENT		1	312	7 (15)	00:00:01
* 1	HASH JOIN OUTER		1	312	7 (15)	00:00:01
* 2	HASH JOIN		1	208	5 (20)	00:00:01
* 3	TABLE ACCESS FULL	T1	1	104	2 (0)	00:00:01
* 4	TABLE ACCESS FULL	T2	1	104	2 (0)	00:00:01
5	TABLE ACCESS FULL	T3	82	8528	2 (0)	00:00:01

Abb. 5.20 Verschiebung des Outer Join. [1]

```
SQL> explain plan set statement_id='TTT' into sys.plan_table for
  2  select /*+ leading(t2 t3 t1) */ * from t1 inner join t2 on (t1.a = t2.a) left join t3 on
(t2.b = t3.b) where t1.c = :b1 and t2.c = :b2;

Plan hash value: 910709849
```

Id	Operation	Name	Rows	Bytes	Cost (%CPU)	Time
0	SELECT STATEMENT		1	312	7 (15)	00:00:01
* 1	HASH JOIN		1	312	7 (15)	00:00:01
* 2	HASH JOIN OUTER		1	208	5 (20)	00:00:01
* 3	TABLE ACCESS FULL	T2	1	104	2 (0)	00:00:01
4	TABLE ACCESS FULL	T3	82	8528	2 (0)	00:00:01
* 5	TABLE ACCESS FULL	T1	1	104	2 (0)	00:00:01

Abb. 5.21 Verschiebung des Outer Join. [2]

```
SQL> explain plan set statement_id='TTT' into sys.plan_table for
  2  select /*+ leading(t1 t2 t3 t4) */ * from t1 inner join t2 on (t1.a = t2.a) left join t3 on
(t2.b = t3.b) inner join t4 on (t1.c = t4.c) where t1.c = :b1 and t2.c = :b2;

Plan hash value: 2335041112
```

Id	Operation	Name	Rows	Bytes	Cost (%CPU)	Time
0	SELECT STATEMENT		1	416	10 (20)	00:00:01
* 1	HASH JOIN		1	416	10 (20)	00:00:01
* 2	HASH JOIN OUTER		1	312	7 (15)	00:00:01
* 3	HASH JOIN		1	208	5 (20)	00:00:01
* 4	TABLE ACCESS FULL	T1	1	104	2 (0)	00:00:01
* 5	TABLE ACCESS FULL	T2	1	104	2 (0)	00:00:01
6	TABLE ACCESS FULL	T3	82	8528	2 (0)	00:00:01
* 7	TABLE ACCESS FULL	T4	1	104	2 (0)	00:00:01

Abb. 5.22 Platzieren einer Tabelle zwischen den Tabellen eines Outer Join. [1]

abraten: Der Outer Join wird nach der Verknüpfung der Tabelle T4 mit T1 und T2 ausgeführt und produziert mindestens so viele Datensätze wie die Kardinalität von T4. So bekommen wir eine große Kardinalität in einem weiteren Schritt des Ausführungsplanes (in Schritt 6 und 7 aus Abb. 5.23). Gerade das passiert in einem Beispiel aus der Praxis im Abschnitt ‚Joins mit einer großen Treffermenge'.

Zum Schluss dieses Abschnitts möchte ich erwähnen, dass Oracle Outer Joins womöglich durch Inner Joins ersetzt (s. ein Beispiel in Abb. 5.24)."

P.: „Die Bedingung ‚t2.b is not null' macht aus einem Left Join einen Inner Join."

A.: „Absolut richtig. Noch ein Beispiel ist in Abb. 5.25 dargestellt. Das Ersetzen von Outer Joins durch Inner Joins gibt dem Optimizer mehr Varianten der Tabellenreihenfolge bei Parsing zu betrachten. Für das SQL-Tuning ist das auch vorteilhaft."

```
SQL> explain plan set statement_id='TTT' into sys.plan_table for
  2  select /*+ leading(t1 t2 t4 t3) */ * from t1 inner join t2 on (t1.a = t2.a) left join t3 on
(t2.b = t3.b) inner join t4 on (t1.c = t4.c) where t1.c = :b1 and t2.c = :b2;

Plan hash value: 1892448498
```

Id	Operation	Name	Rows	Bytes	Cost	(%CPU)	Time
0	SELECT STATEMENT		1	416	10	(20)	00:00:01
* 1	HASH JOIN OUTER		1	416	10	(20)	00:00:01
* 2	HASH JOIN		1	312	7	(15)	00:00:01
* 3	HASH JOIN		1	208	5	(20)	00:00:01
* 4	TABLE ACCESS FULL	T1	1	104	2	(0)	00:00:01
* 5	TABLE ACCESS FULL	T2	1	104	2	(0)	00:00:01
* 6	TABLE ACCESS FULL	T4	1	104	2	(0)	00:00:01
7	TABLE ACCESS FULL	T3	82	8528	2	(0)	00:00:01

Abb. 5.23 Platzieren einer Tabelle zwischen den Tabellen eines Outer Join. [2]

```
SQL> explain plan set statement_id='TTT' into sys.plan_table for
  2  select t1.a, t2.a from t1 left join t2 on (t1.a=t2.a) where t2.b is not null;

Plan hash value: 2959412835
```

Id	Operation	Name	Rows	Bytes	Cost	(%CPU)	Time
0	SELECT STATEMENT		4	104	5	(20)	00:00:01
* 1	HASH JOIN		4	104	5	(20)	00:00:01
* 2	TABLE ACCESS FULL	T2	4	52	2	(0)	00:00:01
3	TABLE ACCESS FULL	T1	82	1066	2	(0)	00:00:01

Abb. 5.24 Oracle ersetzt Outer Joins womöglich durch Inner Joins. [1]

```
SQL> explain plan set statement_id='TTT' into sys.plan_table for
  2  select t1.a, t2.a, t2.b, t3.b from t1 left join t2 on (t1.a=t2.a) inner join t3 on
(t2.b=t3.b);

Plan hash value: 261998084
```

Id	Operation	Name	Rows	Bytes	Cost	(%CPU)	Time
0	SELECT STATEMENT		82	4264	7	(15)	00:00:01
* 1	HASH JOIN		82	4264	7	(15)	00:00:01
* 2	HASH JOIN		82	3198	5	(20)	00:00:01
3	TABLE ACCESS FULL	T1	82	1066	2	(0)	00:00:01
4	TABLE ACCESS FULL	T2	82	2132	2	(0)	00:00:01
5	TABLE ACCESS FULL	T3	82	1066	2	(0)	00:00:01

Abb. 5.25 Oracle ersetzt Outer Joins womöglich durch Inner Joins. [2]

5.2.2 Joins mit einer kleinen Treffermenge

Autor: „Betrachten wir zunächst Joins mit einer ungünstigen Tabellenreihenfolge im Ausführungsplan und mit einer kleinen Treffermenge. Wichtig dabei ist, dass diese kleine
Treffermenge nicht als Ergebnis einer Aggregation oder einer derartigen Operation entsteht."

Peter: „Und wenn eine Aggregation die Treffermenge des Join reduziert?"

A: „Dann muss man die Treffermenge unmittelbar vor dieser Aggregation analysieren."

P.: „Welche Operation soll denn die Kardinalität reduzieren?"

A.: „Die Kardinalität soll bei einem Join sinken."

P.: „Lässt sich ein Join mit einer kleinen Treffermenge beschleunigen?"

Id	Operation	Name	Starts	A-Rows
0	SELECT STATEMENT		1	1
1	SORT AGGREGATE		1	1
2	NESTED LOOPS		1	1
3	NESTED LOOPS		1	1
* 4	TABLE ACCESS FULL	T1	1	8001
* 5	INDEX RANGE SCAN	T2_I1	8001	1
* 6	TABLE ACCESS BY INDEX ROWID	T2	1	1

```
Predicate Information (identified by operation id):
---------------------------------------------------

   4 - filter("T1"."B"=10)
   5 - access("T1"."A"="T2"."A")
   6 - filter("T2"."B"=40)
```

Abb. 5.26 Ungünstige Tabellenreihenfolge in einem Join von zwei Tabellen

A.: „Man kann das zumindest probieren. Die Chancen für eine wesentliche Beschleunigung stehen in diesem Fall ziemlich gut."

P.: „Was muss man denn dafür tun?"

A.: „Die Tabellenreihenfolge im Join so ändern, dass die Kardinalität bei jedem Ausführungsplanschritt möglichst klein ist."

P.: „Das klingt aber zu allgemein. Nach welchem Kriterium soll man die Tabellenreihenfolge ändern?"

A.: „Dafür möchte ich eine einfache heuristische Methode anbieten. Fangen wir mit einem Nested Loop Join von zwei Tabellen an. Wir nehmen hier ausgerechnet Nested Loop Join, weil schnelle Joins hauptsächlich diese Art von Joins benutzen. Was fällt dir im Ausführungsplan in Abb. 5.26 auf?"

P.: „Die Kardinalität in Schritt 4 ist gleich 8001. In Schritt 5 sinkt sie auf 1."

A.: „Kann man mit der Änderung der Tabellenreihenfolge in diesem Join erreichen, dass die Kardinalität in jedem Ausführungsplanschritt gering ist (zumindest wesentlich geringer als 8001)?"

P.: „Das weiß ich nicht."

A.: „Das ist eine absolut richtige Antwort. Der Ausführungsplan liefert uns nicht ausreichend Informationen, um das definitiv sagen zu können. Wir müssen das also prüfen. Wie würdest du das tun, Peter?"

P.: „Wenn wir die Tabellenreihenfolge ändern, wird zunächst die Tabelle T2 angefragt. Ich würde prüfen, wie hoch die Kardinalität des Filters "T2"."B"=40 ist. Wenn sie gering ist, kann man die Tabellenreihenfolge ändern."

A.: „In der Regel bevorzuge ich eine direkte Überprüfung mit dem Hint LEADING."

P.: „Aus welchem Grund?"

A.: „Eine direkte Überprüfung ist einfacher und aus diesem Grund weniger fehleranfällig für den Tuner. Außerdem liefert sie mehr Informationen, welche man beim SQL-Tuning gebrauchen kann. Prüfen wir also direkt mit dem Hint LEADING(T2 T1), ob die geänderte Tabellenreihenfolge die Kardinalität reduziert (Abb. 5.27)."

P.: „Die Kardinalität ist wesentlich kleiner geworden."

A.: „Die Änderung der Tabellenreihenfolge im Join hat sich hier gelohnt. Wenn die Kardinalität des Filters "T2"."B"=40 hoch gewesen wäre, wäre die geringe Kardinalität des Join durch eine sehr hohe Selektivität des Join-Prädikats "T1"."A"="T2"."A" zu

Id	Operation	Name	Starts	A-Rows
0	SELECT STATEMENT		1	1
1	SORT AGGREGATE		1	1
2	NESTED LOOPS		1	1
3	NESTED LOOPS		1	1
* 4	TABLE ACCESS FULL	T2	1	11
* 5	INDEX RANGE SCAN	T1 I1	11	1
* 6	TABLE ACCESS BY INDEX ROWID	T1	1	1

Abb. 5.27 Änderung der Tabellenreihenfolge im Join reduziert die Kardinalität der Ausführungsplanschritte

erklären gewesen. In diesem Fall hätte die Änderung der Tabellenreihenfolge nichts gebracht."

P.: „Mit Nested Loop Join von zwei Tabellen ist alles klar."

A.: „Betrachten wir jetzt einen Inner Join von mehreren Tabellen. Suchen wir einen Tabellenzugriff im Ausführungsplan mit der größten Kardinalität. Bezeichnen wir die jeweilige Tabelle als Tabelle A. Wenn die Kardinalität der Verknüpfung, an der die Tabelle A beteiligt ist, auch groß ist und erst im nächsten oder in einigen Schritten sinkt, kann man vermuten, dass die Tabellenreihenfolge in diesem Join nicht optimal ist. Bezeichnen wir die erste Tabelle im weiteren Verlauf des Ausführungsplans, bei deren Verknüpfung die Kardinalität sinkt, als Tabelle B. Wenn man die Tabelle B vor der Tabelle A in der Tabellenreihenfolge einordnet, reduziert man somit oft die Kardinalitäten der jeweiligen Ausführungsplanschritte."

P.: „Du gehst davon aus, dass die Kardinalität der Verknüpfungen irgendwann sinkt. Warum?"

A.: „Sie muss irgendwann sinken, weil die Treffermenge des gesamten Join gering ist."

P.: „Ich verstehe nicht, warum die oben beschriebene Änderung der Tabellenreihenfolge die Kardinalitäten der Ausführungsplanschritte reduziert."

A.: „Ein Inner Join ist umkehrbar: Seine Treffermenge bleibt bei jeder Änderung der Tabellenreihenfolge unverändert. Betrachten wir einen Teil vom Join vom Anfang bis zur Verknüpfung mit der Tabelle B. Wenn wir die Tabelle B vor der Tabelle A einordnen, ändern wir somit die Kardinalität dieses Join nicht, weil wir innerhalb des Join bleiben. Falls sich die Kardinalität der Tabelle B (und die im Join darauffolgenden Tabelle) nach dieser Einordnung klein ist, haben wir das Erwünschte erreicht. Dies ist sehr ähnlich dem Fall von Nested Loop Join von zwei Tabellen, welchen wir bereits besprochen haben."

P.: „In einem Inner Join von zwei Tabellen kann man die Tabellenreihenfolge ändern, ohne ein kartesisches Produkt zu verursachen. In einem Join von mehreren Tabellen ist das nicht immer der Fall."

A.: „Ja, wir müssen deshalb prüfen, ob diese Einordnung ohne kartesisches Produkt möglich ist."

P.: „Kann es sein, dass wir nicht nur eine Tabelle B, sondern mehrere Tabellen verschieben müssen, um ein kartesisches Produkt zu vermeiden?"

A.: „Das ist möglich. Oft in der Praxis folgt aber die Tabelle B unmittelbar nach der Tabelle A im Join, sodass man lediglich die Tabelle B verschieben muss."

P.: „Ich hoffe, ich habe verstanden, wie ein Inner Join zu behandeln ist. Was ist aber mit Outer Joins?"

A.: „Wenn Outer Joins im Join von mehreren Tabellen vorkommen, betrachten wir jeden Outer Join als eine Einheit und berücksichtigen das bei der Änderung der Tabellenreihenfolge, wie es im Abschnitt ‚Formale Regeln zur Änderung der Tabellenreihenfolge im Join' beschrieben wird. Ich habe drei typische Beispiele vorbereitet, an denen man die heuristische Methode gut demonstrieren kann. Fangen wir mit dem Beispiel an, das wir im Abschnitt ‚Nested Loop Join statt Hash Join und umgekehrt' bereits benutzt haben (s. Abb. 5.13). Unten sind ein Ausschnitt aus dem Ausführungsplan und die zugehörigen Prädikate aufgelistet:"

SQL Plan Monitoring Details (Plan Hash Value=2535171835)

Id	Operation	Name	Execs	Rows (Actual)	Activity (%)
0	SELECT STATEMENT		1	25	
1	VIEW	GC_METRIC_LATEST	1	25	
2	UNION-ALL		1	25	
3	FILTER		1	23	
4	NESTED LOOPS		1	23	
5	NESTED LOOPS		1	23	
6	NESTED LOOPS		1	8M	
7	NESTED LOOPS		1	966	
8	HASH JOIN		1	966	
9	HASH JOIN		1	966	
10	TABLE ACCESS FULL	EM_METRIC_COLUMNS	1	1625	
11	NESTED LOOPS		1	3136	
12	TABLE ACCESS BY INDEX ROWID	EM_METRIC_GROUPS	1	12	
13	INDEX RANGE SCAN	EM_METRIC_GROUPS_PK	1	12	
14	INDEX RANGE SCAN	EM_METRIC_COLUMN_VER_PK	12	3136	
15	TABLE ACCESS FULL	EM_METRIC_GROUP_VER	1	61661	
16	TABLE ACCESS BY INDEX ROWID	EM_METRIC_KEYS	966	966	
17	INDEX RANGE SCAN	EM_METRIC_KEYS_PK	966	1932	
18	TABLE ACCESS BY INDEX ROWID	EM_METRIC_ITEMS	966	8M	41.36
19	INDEX RANGE SCAN	EM_METRIC_ITEMS_KEY_IDX	966	584M	23.73
20	INLIST ITERATOR		8M	23	0.52
21	TABLE ACCESS BY INDEX ROWID	EM_MANAGEABLE_ENTITIES	38M	23	1.40
22	INDEX RANGE SCAN	EM_MANAGEABLE_ENTITIES_PK	38M	3M	24.78
	...				

Predicate Information (identified by operation id):

```
   ...
   13 - access("G"."TARGET_TYPE"=:41)
       filter(("G"."METRIC_GROUP_NAME"=:2 OR "G"."METRIC_GROUP_NAME"=:4 OR
"G"."METRIC_GROUP_NAME"=:9 OR "G"."METRIC_GROUP_NAME"=:11 OR "G"."METRIC_GROUP_NAME"=:14 OR
"G"."METRIC_GROUP_NAME"=:18 OR "G"."METRIC_GROUP_NAME"=:23 OR "G"."METRIC_GROUP_NAME"=:26 OR
"G"."METRIC_GROUP_NAME"=:29)
   ...
   18 - filter((("I"."METRIC_GROUP_ID">=1 AND "I"."METRIC_GROUP_ID"="G"."METRIC_GROUP_ID" AND
("I"."IS_CURRENT"='1' OR "G"."KEYS_FROM_MULT_COLS"=1)
   19 - access("I"."METRIC_KEY_ID"="K"."METRIC_KEY_ID")
   ...
   21 - filter((("ME"."ENTITY_TYPE"=:41 AND "ME"."ENTITY_NAME"=:40 AND
"GV"."TYPE_META_VER"="ME"."TYPE_META_VER" AND ("GV"."CATEGORY_PROP_1"=' ' OR
 "GV"."CATEGORY_PROP_1"="ME"."CATEGORY_PROP_1") AND ("GV"."CATEGORY_PROP_2"=' ' OR
 "GV"."CATEGORY_PROP_2"="ME"."CATEGORY_PROP_2") AND ("GV"."CATEGORY_PROP_3"=' ' OR
 "GV"."CATEGORY_PROP_3"="ME"."CATEGORY_PROP_3") AND ("GV"."CATEGORY_PROP_4"=' ' OR
 "GV"."CATEGORY_PROP_4"="ME"."CATEGORY_PROP_4") AND ("GV"."CATEGORY_PROP_5"=' ' OR
 "GV"."CATEGORY_PROP_5"="ME"."CATEGORY_PROP_5")))
   22 - access("I"."TARGET_GUID"="ME"."ENTITY_GUID" AND (("ME"."MANAGE_STATUS"=0 OR
"ME"."MANAGE_STATUS"=1 OR "ME"."MANAGE_STATUS"=2 OR "ME"."MANAGE_STATUS"=3 OR
"ME"."MANAGE_STATUS"=5)))
   ...
```

P.: „Es tut mir leid, damit komme ich nicht klar."

A.: „Warte, Peter. Suchen wir zunächst die Tabellen A und B. Könntest du das bitte tun."

P.: „Die größte Kardinalität von 584 M entsteht im Schritt 19 bei der Verknüpfung der Tabelle EM_METRIC_ITEMS (Alias I@GMVL). Obwohl sie auf 8 M bei dem Zugriff über Rowid auf die Tabelle EM_METRIC_ITEMS im Schritt 18 sinkt, bleibt sie immer noch hoch. Die Tabelle EM_METRIC_ITEMS ist also die Tabelle A. Im Schritt 21 sinkt die Kardinalität bei der Verknüpfung mit der Tabelle EM_MANAGEABLE_ENTITIES (Alias ME@SEL3) auf 23. Das ist die Tabelle B."

A.: „Probieren wir die Tabelle EM_MANAGEABLE_ ENTITIES vor der Tabelle EM_METRIC_ITEMS im Join einzuordnen. Ist das ohne kartesisches Produkt möglich?"

P.: „Die Tabelle EM_MANAGEABLE_ITEMS muss dafür mit einer voranstehenden Tabelle verknüpft sein. Sie ist es aber nicht."

A.: „Diese Tabelle ist implizit mit der Tabelle EM_METRIC_GROUPS (Alias G@ SEL@2)) verknüpft. Im Schritt 13 wird auf die Tabelle EM_METRIC_GROUPS über das Prädikat "G"."TARGET_TYPE"=:41 zugegriffen. Die Tabelle EM_MANAGE-ABLE_ENTITIES hat auch einen Filter "ME"."ENTITY_TYPE"=:41 (s. die Prädikate zum Schritt 21). Diese beiden Tabellen werden also über die Bind-Variable 41 miteinander verknüpft."

P.: „Danach können wir die Tabelle EM_MANAGEABLE_ENTITIES unmittelbar vor der Tabelle EM_MANAGEABLE_ITEMS im Join einordnen."

A.: „Dies hätte vermutlich für eine ausreichende Performanzverbesserung genügt. Ich bin aber anders vorgegangen. Da die Kardinalität bei der Verknüpfung mit der Tabelle EM_MANAGEABLE_ENTITIES von 8 M auf 23 sinkt, habe ich gedacht, dass die Prädikate "ME"."ENTITY_TYPE"=:41 AND "ME"."ENTITY_NAME"=:40 (s. die Prädikate zum Schritt 21) so selektiv sind, dass wir den Join direkt mit dem Zugriff auf die Tabelle EM_MANAGEABLE_ENTITIES anfangen können. Die Tabelle EM_MANAGEABLE_ENTITIES verknüpfte ich dann mit der Tabelle EM_ME-TRIC_GROUPS, um zu demonstrieren, wie Oracle eine implizite in eine explizite Verknüpfung umwandelt. Erst danach kam die Tabelle EM_METRIC_ITEMS an die Reihe. Da diese Tabelle mit der Tabelle EM_METRIC_KEYS verknüpft wird (s. die Prädikate zum Schritt 19), die ihrerseits mit den anderen auch verknüpft wird, waren keine kartesischen Produkte zu erwarten. Dies bestätigte ein Explain-Plan, den ich für die SQL-Anweisung mit dem Hint LEADING(@"SEL$F32B35FB" "ME"@"SEL$3" "G"@"SEL$2" "I"@"GMVL") generiert habe. Ich habe beinah vergessen, dass die jeweilige SQL-Anweisung eine Union von zwei Joins ist, die identisch aufgebaut sind und sich lediglich in Bind-Variablen unterscheiden. Aus diesem Grund habe ich noch ein zweites Hint LEADING(@"SEL$E18A34F2" "ME"@"SEL$6" "G"@"SEL$5" "I"@"GMSVL") hinzugefügt und die SQL-Anweisung ausgeführt. Das Ergebnis sieht man in Abb. 5.28."

P.: „Krass! Die Laufzeit beträgt jetzt ca. 14 Sekunden statt 573 vorhin."

A.: „Mit diesem Ausführungsplan war ich aber noch nicht zufrieden. Zwei unnötig teure Hash Joins (in den Schritten 12 und 38) haben 13,24 von 13,89 Sekunden der Laufzeit gekostet. Es war sinnvoll, diese Hash Joins durch die jeweiligen Nested Loop Joins zu ersetzen. Damit diese Nested Loop Join effizient wären, mussten die jeweiligen Inner Loops durch Index Scans erfolgen. Aus diesem Grund habe ich geprüft, ob ein Index für die Spalten TARGET_GUID und METRIC_GROUP_ID der Tabelle EM_ME-TRIC_ITEMS existiert:"

Plan hash value: 1717020805

Id	Operation	Name	Starts	A-Rows	A-Time
0	SELECT STATEMENT		1	25	00:00:13.89
1	VIEW	GC_METRIC_LATEST	1	25	00:00:13.89
2	UNION-ALL		1	25	00:00:13.89
* 3	FILTER		1	23	00:00:08.32
4	NESTED LOOPS		1	23	00:00:08.32
5	NESTED LOOPS		1	23	00:00:08.32
6	NESTED LOOPS		1	966	00:00:08.17
* 7	HASH JOIN		1	23	00:00:08.08
* 8	TABLE ACCESS FULL	EM_METRIC_COLUMNS	1	1625	00:00:00.38
* 9	HASH JOIN		1	11	00:00:07.70
10	TABLE ACCESS BY INDEX ROWID	EM_METRIC_KEYS	1	2	00:00:00.01
* 11	INDEX RANGE SCAN	EM_METRIC_KEYS_PK	1	2	00:00:00.01
* 12	HASH JOIN		1	11	00:00:07.69
* 13	HASH JOIN		1	12	00:00:00.01
14	TABLE ACCESS BY INDEX ROWID	EM_MANAGEABLE_ENTITIES	1	1	00:00:00.01
* 15	INDEX RANGE SCAN	EM_MANAGEABLE_ENTITIES_UK1	1	1	00:00:00.01
16	TABLE ACCESS BY INDEX ROWID	EM_METRIC_GROUPS	1	12	00:00:00.01
* 17	INDEX RANGE SCAN	EM_METRIC_GROUPS_PK	1	12	00:00:00.01
* 18	TABLE ACCESS FULL	EM_METRIC_ITEMS	1	7572K	00:00:04.56
* 19	INDEX RANGE SCAN	EM_METRIC_COLUMN_VER_PK	23	966	00:00:00.09
* 20	TABLE ACCESS BY INDEX ROWID	EM_METRIC_GROUP_VER	966	23	00:00:00.15
* 21	INDEX UNIQUE SCAN	EM_METRIC_GROUP_VER_U1	966	966	00:00:00.03
22	PARTITION RANGE ITERATOR		23	23	00:00:00.01
* 23	INDEX UNIQUE SCAN	EM_METRIC_VALUES_PK	23	23	00:00:00.01
24	NESTED LOOPS		0	0	00:00:00.01
25	TABLE ACCESS BY INDEX ROWID	EM_MEXT_TARGET_ASSOC	0	0	00:00:00.01
* 26	INDEX UNIQUE SCAN	MEXT_TARGET_ASSOC_UN	0	0	00:00:00.01
* 27	INDEX UNIQUE SCAN	MEXT_COLUMNS_PK	0	0	00:00:00.01
* 28	FILTER		1	2	00:00:05.56
29	NESTED LOOPS		1	2	00:00:05.56
30	NESTED LOOPS		1	2	00:00:05.56
31	NESTED LOOPS		1	2	00:00:05.56
32	NESTED LOOPS		1	84	00:00:05.56
* 33	HASH JOIN		1	2	00:00:05.56
* 34	TABLE ACCESS FULL	EM_METRIC_COLUMNS	1	11	00:00:00.02
* 35	HASH JOIN		1	11	00:00:05.55
36	TABLE ACCESS BY INDEX ROWID	EM_METRIC_KEYS	1	2	00:00:00.01
* 37	INDEX RANGE SCAN	EM_METRIC_KEYS_PK	1	2	00:00:00.01
* 38	HASH JOIN		1	11	00:00:05.55
* 39	HASH JOIN		1	12	00:00:00.01
40	TABLE ACCESS BY INDEX ROWID	EM_MANAGEABLE_ENTITIES	1	1	00:00:00.01
* 41	INDEX RANGE SCAN	EM_MANAGEABLE_ENTITIES_UK1	1	1	00:00:00.01
42	TABLE ACCESS BY INDEX ROWID	EM_METRIC_GROUPS	1	12	00:00:00.01
* 43	INDEX RANGE SCAN	EM_METRIC_GROUPS_PK	1	12	00:00:00.01
* 44	TABLE ACCESS FULL	EM_METRIC_ITEMS	1	7572K	00:00:02.36
* 45	INDEX RANGE SCAN	EM_METRIC_COLUMN_VER_PK	2	84	00:00:00.01
* 46	TABLE ACCESS BY INDEX ROWID	EM_METRIC_GROUP_VER	84	2	00:00:00.01
* 47	INDEX UNIQUE SCAN	EM_METRIC_GROUP_VER_U1	84	84	00:00:00.01
* 48	INDEX UNIQUE SCAN	EM_METRIC_STRING_LATEST_PK	2	2	00:00:00.01
49	TABLE ACCESS BY INDEX ROWID	EM_METRIC_STRING_LATEST	2	2	00:00:00.01
50	NESTED LOOPS		0	0	00:00:00.01
51	TABLE ACCESS BY INDEX ROWID	EM_MEXT_TARGET_ASSOC	0	0	00:00:00.01
* 52	INDEX UNIQUE SCAN	MEXT_TARGET_ASSOC_UN	0	0	00:00:00.01
* 53	INDEX UNIQUE SCAN	MEXT_COLUMNS_PK	0	0	00:00:00.01

Predicate Information (identified by operation id):

```
...
  12 - access("I"."METRIC_GROUP_ID"="G"."METRIC_GROUP_ID" AND
"I"."TARGET_GUID"="ME"."ENTITY_GUID")
       filter(("I"."IS_CURRENT"='1' OR "G"."KEYS_FROM_MULT_COLS"=1))
...
  38 - access("I"."METRIC_GROUP_ID"="G"."METRIC_GROUP_ID" AND
"I"."TARGET_GUID"="ME"."ENTITY_GUID")
       filter(("I"."IS_CURRENT"='1' OR "G"."KEYS_FROM_MULT_COLS"=1))
```

Abb. 5.28 Beispiel 1. Die erste Verbesserung nach der Änderung der Tabellenreihenfolge im Join

```
SQL> select INDEX_NAME, TABLE_NAME, COLUMN_NAME, COLUMN_POSITION from dba_ind_columns where table_name =
'EM_METRIC_ITEMS' order by index_name, COLUMN_POSITION;


INDEX_NAME                    TABLE_NAME                    COLUMN_NAME                    COLUMN_POSITION
----------------------------  ----------------------------  ----------------------------  ---------------
EM_METRIC_ITEMS_KEY_IDX       EM_METRIC_ITEMS               METRIC_KEY_ID                               1
EM_METRIC_ITEMS_PK            EM_METRIC_ITEMS               TARGET_GUID                                 1
EM_METRIC_ITEMS_PK            EM_METRIC_ITEMS               METRIC_GROUP_ID                             2
EM_METRIC_ITEMS_PK            EM_METRIC_ITEMS               METRIC_KEY_ID                               3
EM_METRIC_ITEMS_UN1           EM_METRIC_ITEMS               METRIC_ITEM_ID                              1
```

P.: „Wie kamst du an diese Spalten?"

A.: „Das sind die Spalten aus den Prädikaten zu den beiden Hash Joins. Die obere Ausgabe zeigt, dass der Index EM_METRIC_ITEMS_PK für den Inner Loop zu gebrauchen war."

P.: „Musste man nicht zusätzlich prüfen, dass diese Spalten selektiv sind?"

A.: „Wofür denn? Die Kardinalitäten der beiden Joins waren bereits bekannt und betrugen jeweils 11 (s. die Schritte 12 und 38 aus Abb. 5.28). Ich habe die folgenden Hints zugefügt

- LEADING(@"SEL$F32B35FB" "ME"@"SEL$3" "G"@"SEL$2" "I"@"GMVL")
- INDEX(@SEL$F32B35FB I@GMVL EM_METRIC_ITEMS_PK)
- USE_NL(@SEL$F32B35FB I@GMVL)
- LEADING(@"SEL$E18A34F2" "ME"@"SEL$6" "G"@"SEL$5" "I"@"GMSVL")
- INDEX(@SEL$E18A34F2 I@GMSVL EM_METRIC_ITEMS_PK)
- USE_NL(@SEL$E18A34F2 I@GMSVL)

und die SQL-Anweisung ausgeführt (Abb. 5.29)."

P.: „Fantastisch! Die SQL-Anweisung ist ca. 1000mal schneller geworden."

A.: „Du hast sicherlich bemerkt, wie einfach wir das geschafft haben. Nehmen wir noch ein Beispiel (s. Abb. 5.30). Probiere mal zu analysieren."

P.: „Ich muss also zunächst nach den Tabellen A und B suchen. In diesem Beispiel ist das gar nicht einfach, weil mehrere Schritte die größte Kardinalität von 24826 haben. Ich weiß nicht, welchen Schritt davon ich nehmen soll."

A.: „Du solltest den ersten Schritt nehmen, bei dem diese Kardinalität entsteht."

P.: „Unter dem ersten verstehst du den Schritt, der zuerst ausgeführt wird."

A.: „Richtig, Peter."

P.: „Die Kardinalität von 24826 entsteht zuerst im Schritt 6, in dem ein Index Range Scan über den Index IQE_SV_CLIENT stattfindet. Da dieser Index der Tabelle QUEUE_ENTRY (Alias A0) gehört, ist sie die Tabelle A im Join. In Schritt 8 sinkt die Kardinalität auf 846 bei der Verknüpfung mit der Tabelle PROCESSING_INFO (Alias C0). Diese Tabelle ist die Tabelle B im Join."

A.: „Können wir im Join die Tabelle B vor der Tabelle A abfragen?"

P.: „Hindert das der Outer Join in Schritt 4 nicht?"

Plan hash value: 2260856612

Id	Operation	Name	Starts	A-Rows	A-Time
0	SELECT STATEMENT		1	25	00:00:00.59
1	VIEW	GC_METRIC_LATEST	1	25	00:00:00.59
2	UNION-ALL		1	25	00:00:00.59
* 3	FILTER		1	23	00:00:00.57
4	NESTED LOOPS		1	23	00:00:00.57
5	NESTED LOOPS		1	23	00:00:00.56
6	NESTED LOOPS		1	966	00:00:00.49
* 7	HASH JOIN		1	23	00:00:00.39
* 8	TABLE ACCESS FULL	EM_METRIC_COLUMNS	1	1625	00:00:00.38
* 9	HASH JOIN		1	11	00:00:00.01
10	TABLE ACCESS BY INDEX ROWID	EM_METRIC_KEYS	1	2	00:00:00.01
* 11	INDEX RANGE SCAN	EM_METRIC_KEYS_PK	1	2	00:00:00.01
12	NESTED LOOPS		1	11	00:00:00.01
13	NESTED LOOPS		1	11	00:00:00.01
* 14	HASH JOIN		1	12	00:00:00.01
15	TABLE ACCESS BY INDEX ROWID	EM_MANAGEABLE_ENTITIES	1	1	00:00:00.01
* 16	INDEX RANGE SCAN	EM_MANAGEABLE_ENTITIES_UK1	1	1	00:00:00.01
17	TABLE ACCESS BY INDEX ROWID	EM_METRIC_GROUPS	1	12	00:00:00.01
* 18	INDEX RANGE SCAN	EM_METRIC_GROUPS_PK	1	12	00:00:00.01
* 19	INDEX RANGE SCAN	EM_METRIC_ITEMS_PK	12	11	00:00:00.01
* 20	TABLE ACCESS BY INDEX ROWID	EM_METRIC_ITEMS	11	11	00:00:00.01
* 21	INDEX RANGE SCAN	EM_METRIC_COLUMN_VER_PK	23	966	00:00:00.10
* 22	TABLE ACCESS BY INDEX ROWID	EM_METRIC_GROUP_VER	966	23	00:00:00.07
* 23	INDEX UNIQUE SCAN	EM_METRIC_GROUP_VER_U1	966	966	00:00:00.01
24	PARTITION RANGE ITERATOR		23	23	00:00:00.01
* 25	INDEX UNIQUE SCAN	EM_METRIC_VALUES_PK	23	23	00:00:00.01
26	NESTED LOOPS		0	0	00:00:00.01
27	TABLE ACCESS BY INDEX ROWID	EM_MEXT_TARGET_ASSOC	0	0	00:00:00.01
* 28	INDEX UNIQUE SCAN	MEXT_TARGET_ASSOC_UN	0	0	00:00:00.01
* 29	INDEX UNIQUE SCAN	MEXT_COLUMNS_PK	0	0	00:00:00.01
* 30	FILTER		1	2	00:00:00.02
31	NESTED LOOPS		1	2	00:00:00.02
32	NESTED LOOPS		1	2	00:00:00.02
33	NESTED LOOPS		1	2	00:00:00.02
34	NESTED LOOPS		1	84	00:00:00.02
* 35	HASH JOIN		1	2	00:00:00.02
* 36	TABLE ACCESS FULL	EM_METRIC_COLUMNS	1	11	00:00:00.01
* 37	HASH JOIN		1	11	00:00:00.01
38	TABLE ACCESS BY INDEX ROWID	EM_METRIC_KEYS	1	2	00:00:00.01
* 39	INDEX RANGE SCAN	EM_METRIC_KEYS_PK	1	2	00:00:00.01
40	NESTED LOOPS		1	11	00:00:00.01
41	NESTED LOOPS		1	11	00:00:00.01
* 42	HASH JOIN		1	12	00:00:00.01
43	TABLE ACCESS BY INDEX ROWID	EM_MANAGEABLE_ENTITIES	1	1	00:00:00.01
* 44	INDEX RANGE SCAN	EM_MANAGEABLE_ENTITIES_UK1	1	1	00:00:00.01
45	TABLE ACCESS BY INDEX ROWID	EM_METRIC_GROUPS	1	12	00:00:00.01
* 46	INDEX RANGE SCAN	EM_METRIC_GROUPS_PK	1	12	00:00:00.01
* 47	INDEX RANGE SCAN	EM_METRIC_ITEMS_PK	12	11	00:00:00.01
* 48	TABLE ACCESS BY INDEX ROWID	EM_METRIC_ITEMS	11	11	00:00:00.01
* 49	INDEX RANGE SCAN	EM_METRIC_COLUMN_VER_PK	2	84	00:00:00.01
* 50	TABLE ACCESS BY INDEX ROWID	EM_METRIC_GROUP_VER	84	2	00:00:00.01
* 51	INDEX UNIQUE SCAN	EM_METRIC_GROUP_VER_U1	84	84	00:00:00.01
* 52	INDEX UNIQUE SCAN	EM_METRIC_STRING_LATEST_PK	2	2	00:00:00.01
53	TABLE ACCESS BY INDEX ROWID	EM_METRIC_STRING_LATEST	2	2	00:00:00.01
54	NESTED LOOPS		0	0	00:00:00.01
55	TABLE ACCESS BY INDEX ROWID	EM_MEXT_TARGET_ASSOC	0	0	00:00:00.01
* 56	INDEX UNIQUE SCAN	MEXT_TARGET_ASSOC_UN	0	0	00:00:00.01
* 57	INDEX UNIQUE SCAN	MEXT_COLUMNS_PK	0	0	00:00:00.01

Abb. 5.29 Beispiel 1. Verbesserung des Ausführungsplans nach der Ersetzung der Hash Joins durch die Nested Loop Joins

Id	Operation	Name	Starts	A-Rows	A-Time
1	SORT ORDER BY		1	0	00:00:00.39
* 2	FILTER		1	0	00:00:00.39
3	NESTED LOOPS		1	846	00:00:00.39
4	NESTED LOOPS OUTER		1	24826	00:00:00.15
5	TABLE ACCESS BY INDEX ROWID	QUEUE_ENTRY	1	24826	00:00:00.05
* 6	INDEX RANGE SCAN	IQE_SV_CLIENT	1	24826	00:00:00.01
* 7	INDEX UNIQUE SCAN	PK_QUEUE	24826	24826	00:00:00.09
* 8	TABLE ACCESS BY INDEX ROWID	PROCESSING_INFO	24826	846	00:00:00.21
* 9	INDEX UNIQUE SCAN	PK_PROCESSING_INFO	24826	24826	00:00:00.11
10	NESTED LOOPS		14	0	00:00:00.01
* 11	INDEX UNIQUE SCAN	PK_QUEUE_RECIPIENTS	14	0	00:00:00.01
* 12	INDEX UNIQUE SCAN	PK_USER	0	0	00:00:00.01
13	NESTED LOOPS		14	0	00:00:00.01
* 14	INDEX UNIQUE SCAN	PK_QUEUE_RECIPIENTS_EXTERNAL	14	0	00:00:00.01
* 15	INDEX UNIQUE SCAN	PK_USER	0	0	00:00:00.01
16	NESTED LOOPS		14	0	00:00:00.01
17	NESTED LOOPS		14	42	00:00:00.01
18	NESTED LOOPS		14	42	00:00:00.01
* 19	INDEX UNIQUE SCAN	PK_USER	14	14	00:00:00.01
20	TABLE ACCESS BY INDEX ROWID	GROUP_ALL_USERS	14	42	00:00:00.01
* 21	INDEX RANGE SCAN	IDX_GRP_LL_SRS_BSTRCT_ACTOR_ID	14	42	00:00:00.01
* 22	INDEX UNIQUE SCAN	PK_GROUP	42	42	00:00:00.01
* 23	INDEX UNIQUE SCAN	PK_QUEUE_GROUPS	42	0	00:00:00.01

```
Predicate Information (identified by operation id):
---------------------------------------------------

   2 - filter(("A0"."OWNER_ID"=:B1 OR ("A0"."OWNER_ID" IS NULL AND ( IS NOT NULL OR  IS NOT NULL
OR  IS NOT NULL))))
   6 - access("A0"."SERVICE_CLIENT_ID"=:B5)
   7 - access("A0"."QUEUE_ID"="B0"."ABSTRACT_ACTOR_ID")
   8 - filter("C0"."PROCESSING_STATE"=:B6)
   9 - access("A0"."PROCESSING_INFO_ID"="C0"."PROCESSING_INFO_ID")
  11 - access("B0_SUB"."ABSTRACT_ACTOR_ID"=:B1 AND "B0_SUB"."RECIPIENT_ID"=:B2)
  12 - access("B0_SUB"."ABSTRACT_ACTOR_ID"=:B2)
  14 - access("B0_SUB"."ABSTRACT_ACTOR_ID"=:B1 AND "B0_SUB"."RECIPIENT_ID"=:B3)
  15 - access("B0_SUB"."ABSTRACT_ACTOR_ID"=:B3)
  19 - access("A0_SUB_SUB"."ABSTRACT_ACTOR_ID"=:B4)
  21 - access("B0_SUB_SUB"."ABSTRACT_ACTOR_ID"=:B4)
  22 - access("B0_SUB_SUB"."GROUP_ID"="A0_SUB"."GROUP_ID")
  23 - access("B0_SUB"."ABSTRACT_ACTOR_ID"=:B1 AND "B0_SUB"."GROUP_ID"="A0_SUB"."GROUP_ID")
```

Abb. 5.30 Das 2. Beispiel der ungünstigen Tabellenreihenfolge im Join mit kleiner Treffermenge

A.: „Dies ist kein Problem, weil die Tabelle PROCESSING_INFO nicht zu dieser Verknüpfung gehört."

P.: „Einverstanden. Da die Tabelle A die erste im Join ist, müssen wir die Tabelle B an die erste Stelle verschieben. Die Tabelle A ist dann die zweite im Join. Diese Tabellen müssen miteinander verknüpft sein, damit kein kartesisches Produkt bei dieser Änderung der Tabellenreihenfolge entsteht."

A.: „Sind sie miteinander verknüpft?"

P.: „Laut der Prädikate zum Schritt 9 sind die Tabellen QUEUE_ENTRY und PROCESSING_INFO über die Spalte PROCESSING_INFO_ID miteinander verknüpft. Demzufolge können wir die Tabellenreihenfolge mit dem Hint LEADING(C0 A0) entsprechend ändern."

A.: „Einen Augenblick bitte. Die jeweilige SQL-Anweisung ist schnell. Sie läuft lediglich 0,39 Sekunden lang mit dem schlechten Ausführungsplan. Aus diesem Grund ist es sinnvoll, einen Nested Loop Join für die Verknüpfung der Tabellen QUEUE_ENTRY und PROCESSING_INFO einzusetzen. Damit der Inner Loop dieses Join performant

Plan hash value: 471755289

Id	Operation	Name	Starts	A-Rows	A-Time
1	SORT ORDER BY		1	0	00:00:00.07
* 2	FILTER		1	0	00:00:00.07
3	NESTED LOOPS OUTER		1	840	00:00:00.07
* 4	HASH JOIN		1	840	00:00:00.06
5	TABLE ACCESS BY INDEX ROWID	PROCESSING_INFO	1	840	00:00:00.01
* 6	INDEX RANGE SCAN	IPROC_INFO_PS	1	840	00:00:00.01
7	TABLE ACCESS BY INDEX ROWID	QUEUE_ENTRY	1	24816	00:00:00.03
* 8	INDEX RANGE SCAN	IQE_SV_CLIENT	1	24816	00:00:00.01
* 9	INDEX UNIQUE SCAN	PK_QUEUE	840	840	00:00:00.01
10	NESTED LOOPS		14	0	00:00:00.01
* 11	INDEX UNIQUE SCAN	PK_QUEUE_RECIPIENTS	14	0	00:00:00.01
* 12	INDEX UNIQUE SCAN	PK_USER_	0	0	00:00:00.01
13	NESTED LOOPS		14	0	00:00:00.01
* 14	INDEX UNIQUE SCAN	PK_QUEUE_RECIPIENTS_EXTERNAL	14	0	00:00:00.01
* 15	INDEX UNIQUE SCAN	PK_USER_	0	0	00:00:00.01
16	NESTED LOOPS		14	0	00:00:00.01
17	NESTED LOOPS		14	42	00:00:00.01
18	NESTED LOOPS		14	42	00:00:00.01
* 19	INDEX UNIQUE SCAN	PK_USER_	14	14	00:00:00.01
20	TABLE ACCESS BY INDEX ROWID	GROUP_ALL_USERS	14	42	00:00:00.01
* 21	INDEX RANGE SCAN	IDX_GRP_LL_SRS_BSTRCT_ACTOR_ID	14	42	00:00:00.01
* 22	INDEX UNIQUE SCAN	PK_GROUP_	42	42	00:00:00.01
* 23	INDEX UNIQUE SCAN	PK_QUEUE_GROUPS	42	0	00:00:00.01

Abb. 5.31 Beispiel 2. Die erste Verbesserung

läuft, muss die Spalte PROCESSING_INFO_ID der Tabelle QUEUE_ENTRY indiziert sein. Dies habe ich überprüft und festgestellt, dass der Index IQE_PROCINFO für diese Spalte existiert. Danach habe ich die SQL-Anweisung mit den folgenden zwei Hints ausgeführt: LEADING(C0 A0), INDEX(A0 IQE_POCINFO). Das Ergebnis folgt in Abb. 5.31."

P.: „Die Laufzeit hat sich von 0,39 auf 0,07 Sekunden verbessert. Ich sehe aber, dass der Optimizer den Index IQE_PROCINFO nicht genommen hat. Statt des gewünschten Nested Loop Join hat er einen Hash Join angewendet."

A.: „Stimmt. Mit dem zusätzlichen Hint USE_NL(C0 A0) ist mir gelungen, den Optimizer zu zwingen, das zu tun, was ich von ihm wollte (Abb. 5.32)."

P.: „Ich bin wieder erstaunt. Du hast die Laufzeit auf 0,02 Sekunden reduziert und somit die ursprüngliche Laufzeit von 0,39 Sekunden ca. 20-fach verbessert."

A.: „Nehmen wir jetzt das letzte Beispiel in diesem Abschn. (s. Abb. 5.33). Die jeweilige SQL-Anweisung lief 10044 Sekunden lang. Was sagst du, Peter, zum Ausführungsplan?"

P.: „Vermutlich ist das ein Zwischenergebnis, weil die Pfeile in der Spalte ‚Id' auf aktive Ausführungsplanschritte zeigen. Die jeweilige SQL-Anweisung war noch nicht fertig, als der jeweilige SQL-Monitoring-Report gezogen wurde."

A.: „Das hast du richtig erkannt. Die Laufzeitstatistiken in diesem Report sind aber repräsentativ und für die Analyse ausreichend."

P.: „Beim besten Willen finde ich nicht, dass 15069 Datensätze eine kleine Treffermenge ist."

Plan hash value: 2113343020

Id	Operation	Name	Starts	A-Rows	A-Time
1	SORT ORDER BY		1	0	00:00:00.02
* 2	FILTER		1	0	00:00:00.02
3	NESTED LOOPS OUTER		1	841	00:00:00.02
4	NESTED LOOPS		1	841	00:00:00.02
5	TABLE ACCESS BY INDEX ROWID	PROCESSING_INFO	1	841	00:00:00.01
* 6	INDEX RANGE SCAN	IPROC_INFO_PS	1	841	00:00:00.01
* 7	TABLE ACCESS BY INDEX ROWID	QUEUE_ENTRY	841	841	00:00:00.01
* 8	INDEX RANGE SCAN	IQE_PROCINFO	841	841	00:00:00.01
* 9	INDEX UNIQUE SCAN	PK_QUEUE	841	841	00:00:00.01
10	NESTED LOOPS		14	0	00:00:00.01
* 11	INDEX UNIQUE SCAN	PK_QUEUE_RECIPIENTS	14	0	00:00:00.01
* 12	INDEX UNIQUE SCAN	PK_USER	0	0	00:00:00.01
13	NESTED LOOPS		14	0	00:00:00.01
* 14	INDEX UNIQUE SCAN	PK_QUEUE_RECIPIENTS_EXTERNAL	14	0	00:00:00.01
* 15	INDEX UNIQUE SCAN	PK_USER	0	0	00:00:00.01
16	NESTED LOOPS		14	0	00:00:00.01
17	NESTED LOOPS		14	42	00:00:00.01
18	NESTED LOOPS		14	42	00:00:00.01
* 19	INDEX UNIQUE SCAN	PK_USER_	14	14	00:00:00.01
20	TABLE ACCESS BY INDEX ROWID	GROUP_ALL_USERS	14	42	00:00:00.01
* 21	INDEX RANGE SCAN	IDX_GRP_LL_SRS_BSTRCT_ACTOR_ID	14	42	00:00:00.01
* 22	INDEX UNIQUE SCAN	PK_GROUP	42	42	00:00:00.01
* 23	INDEX UNIQUE SCAN	PK_QUEUE_GROUPS	42	0	00:00:00.01

Abb. 5.32 Beispiel 2. Die 20-fache Verbesserung der Laufzeit

SQL Plan Monitoring Details (Plan Hash Value=3720417339)

Id	Operation	Name	Execs	Rows (Actual)	Activity (%)
0	SELECT STATEMENT		1	15069	
1	FILTER		1	15069	
2	NESTED LOOPS		1	15069	
3	NESTED LOOPS		1	15139	
-> 4	NESTED LOOPS		1	15504	
-> 5	NESTED LOOPS		1	1M	0.01
-> 6	PARTITION RANGE ITERATOR		1	1M	
-> 7	TABLE ACCESS BY LOCAL INDEX ROWID	BCA CN LINK	74	1M	64.48
-> 8	INDEX RANGE SCAN	BCA CN LINK~S01	74	780M	25.20
-> 9	PARTITION RANGE ITERATOR		1M	1M	0.05
-> 10	TABLE ACCESS BY LOCAL INDEX ROWID	BCA CNSP ACCT	1M	1M	0.97
-> 11	INDEX RANGE SCAN	BCA CNSP ACCT~0	1M	1M	0.09
12	PARTITION RANGE ITERATOR		1M	15504	0.04
-> 13	TABLE ACCESS BY LOCAL INDEX ROWID	BCA CONTRACT	1M	15504	6.41
-> 14	INDEX RANGE SCAN	BCA CONTRACT~0	1M	4M	2.73
15	INDEX UNIQUE SCAN	BCA PAYREF~0	29135	15139	0.02
-> 16	TABLE ACCESS BY INDEX ROWID	BCA PAYREF	24056	15069	

```
Predicate Information (identified by operation id) :
-------------------------------------------------------
    1 - filter(:A6>=:A5)
    7 - filter(("T_02"."FUNCTION"=:A9 AND "T_02"."OBJECT_TYP"=:A8))
    8 - access("T_02"."CLIENT"=:A1 AND "T_02"."VALID_TO_REAL"=:A7)
    8 - filter("T_02"."VALID_TO_REAL"=:A7)
   10 - filter("T_01"."VALID_TO_REAL"=:A7)
   11 - access("T_01"."CLIENT"=:A0 AND "T_02"."CONTRACT_INT"="T_01"."CONTRACT_INT")
   13 - filter(("T_00"."VALID_TO_REAL"=:A7 AND "T_00"."PRODINT"=:A4 AND "T_00"."STATUS">=:A5 AND
"T_00"."STATUS"<=:A6))
   14 - access("T_00"."CLIENT"=:A3 AND "T_01"."CONTRACT_INT"="T_00"."CONTRACT_INT")
   15 - access("T_03"."CLIENT"=:A2 AND "T_03"."PAYREF_INT"="T_02"."OBJECT_ID")
```

Abb. 5.33 Das 3. Beispiel der ungünstigen Tabellenreihenfolge im Join mit einer kleinen Treffermenge

Id	Operation	Name	Starts	A-Rows	A-Time
0	SELECT STATEMENT		1	24731	00:04:53.90
* 1	FILTER		1	24731	00:04:53.90
2	NESTED LOOPS		1	24731	00:04:53.88
3	NESTED LOOPS		1	24731	00:04:17.84
4	NESTED LOOPS		1	25255	00:03:38.67
5	NESTED LOOPS		1	27884	00:01:00.26
6	PARTITION RANGE ITERATOR		1	27884	00:00:50.95
* 7	TABLE ACCESS FULL	BCA_CONTRACT	120	27884	00:00:50.93
8	PARTITION RANGE ITERATOR		27884	27884	00:00:09.27
* 9	TABLE ACCESS BY LOCAL INDEX ROWID	BCA_CNSP_ACCT	27884	27884	00:00:09.14
* 10	INDEX RANGE SCAN	BCA_CNSP_ACCT~0	27884	27884	00:00:00.45
11	PARTITION RANGE ITERATOR		27884	25255	00:02:38.38
* 12	TABLE ACCESS BY LOCAL INDEX ROWID	BCA_CN_LINK	27884	25255	00:02:38.28
* 13	INDEX RANGE SCAN	BCA_CN_LINK~S01	27884	625K	00:01:07.13
* 14	INDEX UNIQUE SCAN	BCA_PAYREF~0	25255	24731	00:00:39.13
15	TABLE ACCESS BY INDEX ROWID	BCA_PAYREF	24731	24731	00:00:36.01

Abb. 5.34 Beispiel 3. Verbesserung nach der Verschiebung der zwei Tabellen im Join

A.: „Im Vergleich zu 780 M in Schritt 8 ist diese Treffermenge ziemlich klein. Fang nun bitte endlich mit deiner Analyse an."

P.: „Die größte Kardinalität von 780 M entsteht in Schritt 8 bei einem Index-Zugriff. Im nächsten Schritt 7 sinkt sie auf 1 M beim Tabellenzugriff über die Rowid für die Tabelle BCA_CN_LINK (Alias T_02). Dieselbe Kardinalität hat der Nested Loop Join in Schritt 5. Diese Tabelle ist die Tabelle A in diesem Plan. In Schritt 13 sinkt die Kardinalität auf 15504 bei der Verknüpfung mit der Tabelle BCA_CONTRACT (Alias T_00). Das ist die Tabelle B. Ich kann die Tabelle BCA_CONTRACT in der Tabellenreihenfolge vor der Tabelle BCA_CN_LINK aber nicht setzen, ohne ein kartesisches Produkt zu verursachen, weil sie miteinander nicht verknüpft sind."

A.: „Das ist kein Problem. Die Tabellen in diesem Join sind folgendermaßen miteinander verknüpft: T_00=>T_01=>T_02=>T_03. Dies ist eine Tabellenkette. Die Tabellenreihenfolge im Join ist T_02, T_01, T_00, T_03. Vorhin haben wir festgestellt, dass man möglicherweise nicht nur eine Tabelle B, sondern mehrere Tabellen verschieben muss. Hier haben wir genau so einen Fall. Welche Tabelle müssen wir zusätzlich verschieben?"

P.: „Die Tabelle T_01, welche mit T_02 verknüpft ist."

A.: „Ganz genau. Mit dem Hint LEADING(T_00 T_01 T_02 T_03) habe ich die gewünschte Tabellenreihenfolge festgelegt und die SQL-Anweisung nochmals ausgeführt (Abb. 5.34)."

P.: „Aus welchem Grund hast du drei Zeilen im Ausführungsplan in Abb. 5.34 rot markiert?"

A.: „Ich möchte damit darauf hinweisen, dass dieser Ausführungsplan noch ein Verbesserungspotenzial hat. In Schritt 7 könnte man versuchen, Index Range Scan statt FTS einzusetzen. Die Schritte 12 und 13 zeigen, dass sich die Selektivität des Indexes BCA_CN_LINK~S01 verbessern lässt, wenn man diesen Index mit den Spalten aus den Prädikaten zum Tabellenzugriff über die Rowid erweitert. Ich habe nicht weiter getunt, weil die Laufzeit von ca. fünf Minuten vollkommen akzeptabel war."

5.2.3 Joins mit einer großen Treffermenge

Autor: „In diesem Abschnitt besprechen wir Joins mit einer großen Treffermenge. Die jeweilige SQL-Anweisung muss große Datenmengen verarbeiten, was einen gewissen Aufwand verlangt. Man kann also nicht erwarten, dass solch eine SQL-Anweisung nach dem Tuning blitzschnell läuft. Fangen wir wieder mit einer ungünstigen Tabellenreihenfolge an. Peter, wie würdest du sie im Ausführungsplan eines Join mit einer großen Treffermenge erkennen?"

Peter: „Darauf können einige Verknüpfungen mit besonders großen Kardinalitäten hinweisen."

A.: „Du hast also Verknüpfungen sowohl mit großen als auch mit relativ kleinen Kardinalitäten im Ausführungsplan?"

P.: „Ganz genau."

A.: „Im Abschnitt ‚Joins mit einer kleinen Treffermenge' haben wir bereits gesehen, wie stark eine große Kardinalität einiger Verknüpfungen die Performanz eines Join von mehreren Tabellen beeinträchtigen kann. Dabei wurden hauptsächlich Nested Loop Joins benutzt. Könntest du bitte sagen, wie stark das die Hash Joins beeinträchtigen kann."

P.: „Da die Build-Tabelle eines Hash Join im Speicher gebildet wird, muss sie möglichst in den Speicher hinein passen. Wenn sie größer ist, verkompliziert das die Verarbeitung gravierend und verlängert die Laufzeit des Hash Join. In einem Hash Join von mehreren Tabellen ist die Treffermenge eines Hash Join zugleich die Build-Tabelle des nächsten Hash Join. Aus diesem Grund würde ich die bestehenden Kardinalität-Peaks glätten."

A.: „Wie würdest du das tun?"

P.: „Kann man dafür nicht dieselbe heuristische Methode anwenden, welche wir im Abschnitt ‚Joins mit einer kleinen Treffermenge' besprochen haben?"

A.: „Doch, das kann man. Wir haben bereits ausreichend Beispiele gezeigt, wie man mit dieser Methode umgeht. Angenommen, wir haben diese Methode angewandt und haben keine gravierenden Peaks mehr. Können wir jetzt sicher sein, dass die Tabellenreihenfolge im Join mehr oder weniger stimmt?"

P.: „Schwer zu sagen."

A.: „Ich habe auch keine allgemeinen Vorschläge im Rahmen des formalen SQL-Tunings dazu. Es lohnt sich auf jeden Fall, nochmals genau den Ausführungsplan zu untersuchen. Unser erstes Beispiel zeigt, wie man eine ungünstige Tabellenreihenfolge in einem Join ohne Kardinalität-Peaks erkennen kann."

P.: „Wenn wir alle ‚Bremsen' im Ausführungsplan beseitigt haben, was können wir noch tun, um die Performanz zu verbessern, falls es notwendig ist, sie noch zu verbessern?"

A.: „Dafür bietet Oracle eine Reihe anderer Methoden an: Materialized Views, Star Schemas etc. Wenn wir nicht so tief in die bestehenden Datenbankprozesse und SQL-Anweisungen eingreifen wollen, können wir sehr erfolgreich Parallelisierung (parallel query) für die problematischen SQL-Anweisungen einsetzen. Man kann dabei die Entscheidung bezüglich der Parallelisierung komplett Oracle überlassen (das Feature

,Automatic Degree of Parallelism' benutzen) oder den Parallelisierungsgrad für die gesamte SQL-Anweisung selbst festlegen. Oracle entscheidet in diesem Fall, welche Objekte in welchen Ausführungsplanschritten zu parallelisieren sind. Wenn man anhand der Laufzeitstatistiken im Ausführungsplan sieht, dass einige Schritte besonders teuer sind, macht es Sinn, ausgerechnet diese Schritte manuell mit den jeweiligen Hints zu parallelisieren. Man kann die Parallelisierung sowohl nach als auch vor dem formalen SQL-Tuning einsetzen (wenn das jeweilige Performanz-Problem so akut ist, dass man sofort eine Lösung braucht und das SQL-Tuning später durchführen kann). Mit Parallelisierung muss man sorgfältig umgehen, weil dieses Feature viele Ressourcen in Anspruch nehmen kann. Da Parallelisierung nicht im Fokus dieses Buches steht, vertiefen wir uns nicht weiter in dieses interessante Thema."

P.: „Könntest du bitte zeigen, wie man Parallelisierung in Zusammenhang mit den Laufzeitstatistiken im Ausführungsplan einsetzen kann."

A.: „An einem zweiten Beispiel in diesem Abschnitt zeige ich das. Wir fangen gleich mit dem ersten Beispiel an. In Abb. 5.35 wird ein Ausführungsplan eines Join mit einer großen Treffermenge präsentiert. Man sieht, dass die Kardinalität in Schritt 19 auf 4159 K ansteigt und entsprechend die Kardinalität des Nested Loop Join in Schritt 12 erhöht. Diese Kardinalität bleibt unverändert bei Outer Joins in den Schritten 10 und 11."

Peter.: „Ist das ein Beispiel aus dem Abschnitt ,Ein Index mit einem großen Clustering Factor'?"

A.: „Du hast aber ein Mammut-Gedächtnis! Ich habe tatsächlich einen Teil von diesem Ausführungsplan dort gebraucht."

P.: „Gehört dieses Beispiel nicht zum Abschnitt ,Joins mit einer kleinen Treffermenge'? Die Treffermenge des Join ist ja klein und beträgt lediglich 28 Datensätze."

A.: „Deine Frage beweist, dass ein Mammut-Gedächtnis doch kein Kompliment war. Na ja, die Mammuts sind nicht ohne Grund ausgestorben. Erinnerst du dich, dass die Kardinalität nicht dank einer Aggregation sinken darf? In Schritt 9 sinkt sie aber gerade nach einer Aggregation. Wir müssen also die Kardinalität vor dieser Operation in Betracht ziehen. Das sind 4159K. In diesem Ausführungsplan betrachten wir keine Kardinalität-Peaks bei einzelnen Verknüpfungen."

P.: „Die Kardinalität von 4159 K entsteht zunächst beim Zugriff auf die Tabelle PICKAUF. Diese Tabelle ist nicht die letzte im Join. Danach folgen die Tabellen QUANTEN und PRUEFGRUENDE. Diese beiden Tabellen haben aber keine Join-Prädikate für die Tabelle PICKAUF."

A.: „Das stimmt. Sie werden mit einem Outer Join mit der Tabelle PICKRUND (Alias R) verknüpft. Da sie im Join nach der Tabelle PICKAUF folgen, muss die Kardinalität der jeweiligen Verknüpfungen mindestens so groß wie die Kardinalität der Tabelle PICKAUF sein. Also 4159K."

P.: „Wir können aber die Tabellen QUANTEN und PRUEFGRUENDE vor der Tabelle PICKAUF im Join platzieren."

Plan hash value: 2555052906

Id	Operation	Name	Starts	A-Rows	A-Time	Buffers
0	SELECT STATEMENT		1	28	00:09:22.19	5161K
1	NESTED LOOPS		1	1	00:00:00.01	0
2	FIXED TABLE FULL	X$KCCDI2	1	1	00:00:00.01	0
* 3	FIXED TABLE FULL	X$KCCDI	1	1	00:00:00.01	0
4	MERGE JOIN		1	28	00:09:22.19	5161K
5	SORT JOIN		1	28	00:09:22.01	5161K
6	VIEW	V_CRA_002_STATUS_KO_EINH	1	28	00:09:22.01	5161K
7	SORT GROUP BY		1	28	00:09:22.01	5161K
8	VIEW		1	96	00:09:22.01	5161K
9	SORT GROUP BY		1	96	00:09:21.91	5161K
10	NESTED LOOPS OUTER		1	4159K	00:09:07.70	5161K
11	NESTED LOOPS OUTER		1	4159K	00:08:48.53	4696K
12	NESTED LOOPS		1	4159K	00:08:13.51	4278K
13	NESTED LOOPS		1	137K	00:00:13.45	25696
* 14	TABLE ACCESS BY INDEX ROWID	PICKLISTEN	1	122K	00:00:05.19	7210
* 15	INDEX RANGE SCAN	PIL_PK	1	122K	00:00:00.39	311
16	TABLE ACCESS BY INDEX ROWID	PICKRUND	122K	137K	00:00:08.05	18486
* 17	INDEX RANGE SCAN	PR_PL_FK_I	122K	137K	00:00:01.77	2788
18	TABLE ACCESS BY INDEX ROWID	PICKAUF	137K	4159K	00:07:58.00	4252K
* 19	INDEX RANGE SCAN	PI_PR_FK_I	137K	4159K	00:00:06.51	162K
* 20	TABLE ACCESS BY INDEX ROWID	QUANTEN	4159K	832K	00:00:30.05	418K
* 21	INDEX RANGE SCAN	QT_LE1_FK_I	4159K	832K	00:00:10.86	405K
* 22	TABLE ACCESS BY INDEX ROWID	PRUEFGRUENDE	4159K	4277	00:00:15.40	465K
* 23	INDEX RANGE SCAN	PG_NR_LE_I	4159K	359K	00:00:07.91	396K
* 24	SORT JOIN		28	28	00:00:00.18	119
25	VIEW	V_CRA_002_STATUS_KO_EINH_NLS	1	1	00:00:00.18	119
26	FAST DUAL		1	1	00:00:00.01	0

```
Query Block Name / Object Alias (identified by operation id):
-------------------------------------------------------------
...
 16 - SEL$10      / R@SEL$10
 17 - SEL$10      / R@SEL$10
 18 - SEL$10      / P@SEL$10
 19 - SEL$10      / P@SEL$10
 20 - SEL$10      / Q@SEL$10
 21 - SEL$10      / Q@SEL$10
 22 - SEL$10      / PG@SEL$10
 23 - SEL$10      / PG@SEL$10
...

Predicate Information (identified by operation id):
---------------------------------------------------
...
 17 - access("R"."LAGER_PICKL"="PL"."LAGER" AND "R"."NR_PICKL"="PL"."NR_PICKL")
 19 - access("P"."LAGER_RUNDF"="R"."LAGER" AND "P"."NR_RUNDF"="R"."NR_RUNDF")
 20 - filter(("Q"."ID_ARTIKEL" NOT LIKE 'VST%' AND "Q"."ID_ARTIKEL"<>'LEER'))
 21 - access("Q"."LAGER_NR_LE_1"="R"."LAGER_PACK" AND "Q"."NR_LE_1"="R"."NR_LE_PACK")
 22 - filter("PG"."STAT"='10')
 23 - access("PG"."NR_LE"="R"."NR_LE_PACK")
...

Column Projection Information (identified by operation id):
-----------------------------------------------------------
...
 18 - "P"."STAT"[VARCHAR2,2], "P"."MNG_SOLL"[NUMBER,22]
```

Abb. 5.35 Ein Join mit einer großen Treffermenge und einem Index mit einem großen Clustering Factor

A.: „Richtig. Dies zeigt uns, dass die Tabellenreihenfolge in diesem Join doch nicht ganz

Plan hash value: 355660978

Id	Operation	Name	Starts	A-Rows	A-Time
0	SELECT STATEMENT		1	28	00:00:15.32
1	NESTED LOOPS		1	1	00:00:00.01
2	FIXED TABLE FULL	X$KCCDI2	1	1	00:00:00.01
* 3	FIXED TABLE FULL	X$KCCDI	1	1	00:00:00.01
4	MERGE JOIN		1	28	00:00:15.32
5	SORT JOIN		1	28	00:00:15.32
6	VIEW	V_CRA_002_STATUS_KO_EINH	1	28	00:00:15.32
7	SORT GROUP BY		1	28	00:00:15.32
8	VIEW		1	96	00:00:15.32
9	SORT GROUP BY		1	96	00:00:15.31
10	NESTED LOOPS		1	4159K	00:00:06.80
11	NESTED LOOPS OUTER		1	137K	00:00:02.95
12	NESTED LOOPS OUTER		1	137K	00:00:02.13
13	NESTED LOOPS		1	137K	00:00:01.17
* 14	TABLE ACCESS BY INDEX ROWID	PICKLISTEN	1	122K	00:00:00.27
* 15	INDEX RANGE SCAN	PIL_PK	1	122K	00:00:00.06
16	TABLE ACCESS BY INDEX ROWID	PICKRUND	122K	137K	00:00:00.77
* 17	INDEX RANGE SCAN	PR_PL_FK_I	122K	137K	00:00:00.43
* 18	TABLE ACCESS BY INDEX ROWID	QUANTEN	137K	13350	00:00:00.79
* 19	INDEX RANGE SCAN	QT_LE1_FK_I	137K	13362	00:00:00.57
* 20	TABLE ACCESS BY INDEX ROWID	PRUEFGRUENDE	137K	102	00:00:00.69
* 21	INDEX RANGE SCAN	PG_NR_LE_I	137K	14055	00:00:00.50
* 22	INDEX RANGE SCAN	PI_PR_FK_LR_I	137K	4159K	00:00:02.32
* 23	SORT JOIN		28	28	00:00:00.01
24	VIEW	V_CRA_002_STATUS_KO_EINH_NLS	1	1	00:00:00.01
25	FAST DUAL		1	1	00:00:00.01

Abb. 5.36 „Index-Only" Zugriff optimiert die Tabellenreihenfolge im Join

optimal ist. Man hätte diese Tabellenreihenfolge ändern können, wie du eben vorge-schlagen hast. Diese Änderung der Tabellenreihenfolge hätte die Laufzeit höchstens um ca. 45 Sekunden verbessert (30,05 + 15,40 ~ 45). Ich habe aber bemerkt, dass der Tabellenzugriff über die Rowid für die Tabelle PICKAUF ca. 8 min lang gedauert hat. Dieser Tabellenzugriff war so teuer, weil der Index PI_PR_FK_I einen großen Cluste-ring Factor hatte. Ich wollte zunächst versuchen, den Tabellenzugriff über die Rowid zu erübrigen. Dafür musste ich den Index PI_PR_FK_I um einige Spalten erweitern. Peter, weißt du noch, wie man an diese Spalten kommt?"

P.: „Ich würde nach diesen Spalten in Prädikaten und in Projektionen zum Schritt 18 su-chen. Da es keine Prädikate zu diesem Schritt gibt, bleiben uns lediglich die Projektio-nen. Dort findet man zwei Spalten STAT und MNG_SOLL."

A.: „Da der Index PI_PR_FK_I lediglich zwei Spalten hatte, konnte man noch zwei Spal-ten zufügen, ohne einen zu breiten Index zu bekommen. Für die Testzwecke wurde ein neuer Index PI_PR_FK_LR_I mit diesen vier Spalten parallel zum Index PI_PR_FK_I angelegt und die SQL-Anweisung nochmals ausgeführt (Abb. 5.36)."

P.: „Die Laufzeit beträgt jetzt 15,32 Sekunden. Das ist ja eine Verbesserung! Ich mer-ke aber, dass die Tabellenreihenfolge vom Optimizer geändert wurde: Die Tabelle PI-CKAUF steht jetzt an der letzten Stelle, wo sie meiner Meinung nach auch hingehört. Hast du eine Erklärung zu dieser Optimierung der Tabellenreihenfolge?"

A.: „Clustering Factor hat eine große Gewichtung in Optimizer-Kosten. Die jeweilige Formel kann man in [2] finden. Dies beeinflusst die Tabellenreihenfolge gravierend. Wir haben den Clustering Factor in den Optimizer-Kosten für einen Index eliminiert,

weil wir den Tabellenzugriff über die Rowid erübrigt haben (der Optimizer berücksichtigt den Clustering Factor in den Kosten gerade bei dieser Operation). Demzufolge hat
der Optimizer die Tabellenreihenfolge geändert."

P.: „Hat es sich hier überhaupt gelohnt zu analysieren, ob die Tabellenreihenfolge im Join
optimal ist? Die jeweilige Änderung dieser Reihenfolge hätte die Laufzeit lediglich um
45 Sekunden verkürzt."

A.: „Das ist tatsächlich kein großer Anteil von der Laufzeit, die ursprünglich über 9 min
betrug. Es hätte aber anders sein können, wenn die Tabellenreihenfolge nach der Index-
Erweiterung unverändert geblieben wäre. Besprechen wir jetzt das zweite Beispiel in
Abb. 5.37. Die Laufzeit der jeweiligen SQL-Anweisung lag bei 3837 Sekunden und
musste dringend verbessert werden. Peter, was kannst du in diesem Ausführungsplan
erkennen?"

P.: „Der Schritt 50 ist problematisch. Dort werden 351 M Datensätze ermittelt. Dies verursacht u. A. einen teuren Hash Join mit der Kardinalität von 3G im Schritt 31. Diese
Kardinalität sinkt zunächst auf 350 M in Schritt 29 und dann auf 559 K bei der nächsten
Verknüpfung in Schritt 14. Ich denke, dass die Tabellenreihenfolge in diesem Join sub-
optimal ist."

A.: „Richtig. Dieser Plan ließ sich tunen. Da man aber eine schnelle Lösung wollte und
das System nicht stark belastet war, habe ich entschieden, den problematischen Schritt
50 zu parallelisieren. Dafür habe ich das Hint PARALLEL(@SEL$C8360722 FACT@
SEL$4 8) angewendet, was die Laufzeit auf 315 Sekunden reduziert hat."

SQL Plan Monitoring Details (Plan Hash Value=1597604708)

Id	Operation	Name	Time Active(s)	Execs	Rows (Actual)
0	SELECT STATEMENT		574	1	559K
1	NESTED LOOPS OUTER		574	1	559K
2	VIEW	V_M_F_SUBTR_AGG_DETAIL_2	574	1	559K
3	WINDOW SORT		715	1	559K
4	WINDOW SORT		294	1	559K
5	WINDOW SORT		250	1	559K
6	WINDOW SORT		252	1	559K
7	HASH JOIN		2744	1	559K
8	TABLE ACCESS STORAGE FULL	I_ITCAMTM_I_SERVICETIME	1	1	413
9	HASH JOIN		350	1	559K
10	HASH JOIN		2723	1	559K
11	TABLE ACCESS STORAGE FULL	I_ITCAMTM_I_COUNTRY	1	1	1
12	HASH JOIN		2723	1	559K
13	TABLE ACCESS STORAGE FULL	I_ITCAMTM_I_COUNTRY_REGION	1	1	10
14	HASH JOIN		2715	1	559K
15	VIEW		1	1	508
16	HASH GROUP BY		1	1	508
17	NESTED LOOPS		1	1	110K
18	NESTED LOOPS		1	1	110K
19	VIEW		1	1	508
20	HASH GROUP BY		9	1	508
21	HASH JOIN OUTER		9	1	9M
22	INDEX STORAGE FAST FULL SCAN	IX_TR2AG_ROOTUUID_STATUS	1	1	508
23	PARTITION RANGE ALL		9	1	14M
24	PARTITION RANGE SINGLE		9	97	14M
25	TABLE ACCESS STORAGE FULL	M_F_SUBTRANSACTION_DETAIL	12	97	14M
26	PARTITION RANGE ALL		1	898	110K
27	INDEX RANGE SCAN	IX_FACT_LAST_DML_DATE	1	10550	110K
28	TABLE ACCESS BY LOCAL INDEX ROWID	I_ITCAMTM_I_SUBTRANS_FACT	2	111K	110K
29	HASH JOIN		2715	1	350M
30	TABLE ACCESS STORAGE FULL	I_ITCAMTM_I_SUBTRANSACTION	1	1	1911
31	HASH JOIN		2715	1	3G
32	HASH JOIN		1	1	6877
33	TABLE ACCESS STORAGE FULL	I_ITCAMTM_I_LOCATIONS	1	1	173
34	HASH JOIN		1	1	6877
35	TABLE ACCESS STORAGE FULL	I_ITCAMTM_I_AGENTS	1	1	243
36	HASH JOIN		1	1	6877
37	TABLE ACCESS STORAGE FULL	I_ITCAMTM_I_TRANSACTION2AGENT	1	1	832
38	HASH JOIN		1	1	441
39	HASH JOIN		1	1	59
40	HASH JOIN		1	1	42
41	NESTED LOOPS		1	1	13
42	NESTED LOOPS		1	1	13
43	TABLE ACCESS STORAGE FULL	I_ITCAMTM_I_CUSTOMER	1	1	1
44	INDEX RANGE SCAN	ITCAMTM_CUST2SUBCUST_FK	1	1	13
45	TABLE ACCESS BY INDEX ROWID	I_ITCAMTM_I_SUBCUSTOMER	1	13	13
46	TABLE ACCESS STORAGE FULL	I_ITCAMTM_I_APPLICATION	1	1	42
47	TABLE ACCESS STORAGE FULL	I_ITCAMTM_I_TRANSACTION	1	1	59
48	TABLE ACCESS STORAGE FULL	I_ITCAMTM_I_SUBTRANS_GROUP	1	1	441
49	PARTITION RANGE ALL		2715	1	351M
50	TABLE ACCESS STORAGE FULL	I_ITCAMTM_I_SUBTRANS_FACT	2715	20	351M
51	TABLE ACCESS STORAGE FULL	B_DATEDIMENSION	22	1	69762
52	TABLE ACCESS BY GLOBAL INDEX ROWID	M_F_SUBTRANSACTION_DETAIL	574	559K	507K
53	INDEX UNIQUE SCAN	M_F_SUBTRANS_DEATIL_PK	574	559K	507K

Query Block Name / Object Alias (identified by operation id):

...

50 - SEL$C8360722 / FACT@SEL$4
...

Abb. 5.37 Parallelisierung aufgrund der Laufzeitstatistiken im Ausführungsplan

5.3   Zusammenfassung

Global / Lokal	Problemklasse	Feststellung im Ausführungsplan	Beseitigung
Lokal	FTS wegen eines fehlenden Indexes	FTS mit vielen Buffer Gets bzw. Disk Reads und einer kleinen Kardinalität	Anlegen des jeweiligen Indexes
Lokal	FTS auf einer Sparse-Tabelle	FTS mit vielen Buffer Gets bzw. Disk Reads und einer kleiner Kardinalität	Tabellenreorganisation. Als eine temporäre Lösung ist das Anlegen des jeweiligen Indexes möglich
Lokal	Index Scan über einen nicht selektiven Index	Ein Index Scan mit einer großen Kardinalität, welche bei dem Tabellenzugriff über Rowid im darauffolgenden Schritt sinkt	Den Index um selektive Spalten aus dem Filter zum Tabellenzugriff über die Rowid erweitern
Lokal	Index Scan über einen Index mit einem großen Clustering Factor	Die Kardinalität eines Index Scan ist vergleichbar mit der Anzahl von Buffer Gets im darauffolgenden Tabellenzugriff über die Rowid	Die Optimizer-Statistik „Clustering Factor" überprüfen und falls er tatsächlich groß ist, folgendes probieren: - den Index mit den Spalten aus dem Filter und aus der Projektion bei Tabellenzugriff über die Rowid erweitern, um diesen Tabellenzugriff zu erübrigen oder - die Daten in die jeweilige Tabelle eintragen sortiert wie im Index
Lokal	Index Scan über einen Sparse-Index oder ein selektiver Filter bei Index Scan	Die Anzahl der Buffer Gets bei Index Scan ist groß, die Kardinalität relativ gering. Wenn es keinen Filter bei Index Scan gibt, ist das sehr wahrscheinlich ein Sparse-Index. Wenn ein Filter zum Index Scan gehört, kann das entweder ein Sparse-Index oder ein selektiver Filter sein. Man muss dann die beiden Möglichkeiten überprüfen	Den Sparse-Index umbauen. Wenn ein selektiver Filter zum Index Scan gehört, muss man die Gründe klären, aus denen selektive Prädikate im Filter statt im Access landen. Ggf. einen Index für die selektiven Spalten aus dem Filter anlegen

Abb. 5.38 Problemklassen: Identifizierung und Beseitigung

Lokal	Nested Loop Join statt Hash Join in einem Equi-Join	Die Kardinalität von Outer oder Inner Loop ist groß	Hash Join statt Nested Loop Join im Ausführungsplan einsetzen. Dafür kann man das Hint USE_HASH benutzen
Lokal	Hash Join statt Nested Loop Join in einem Equi-Join	Sowohl die Kardinalität beim Zugriff auf die Build-Tabelle als auch die Treffermenge des Hash Join ist gering	Nested Loop Join statt Hash Join im Ausführungsplan einsetzen. Dafür kann man das Hint USE_NL benutzen (normalerweise in Kombination mit einem Hint LEADING)
Global	Ungünstige Tabellereihenfolge im Join mit einer kleinen Treffermenge	Sowohl einige Tabellenzugriffe als auch Verknüpfungen, bei denen die jeweiligen Tabellen beteiligt sind, haben eine große Kardinalität	Gute Chancen für eine gravierende Performanz-Verbesserung. Versuchen die Tabellenreihenfolge so zu ändern, dass die Kardinalität bei jedem Ausführungsplanschritt gering ist. Oft hilft dabei die folgende heuristische Methode: - die Tabelle A im Ausführungsplan ermitteln, beim Zugriff auf welche die Kardinalität groß ist. Die Kardinalität der jeweiligen Verknüpfung muss dabei auch groß sein - die Tabelle B im weiteren Verlauf des Ausführungsplans ermitteln, bei deren Verknüpfung die Kardinalität sinkt. - versuchen die Tabelle B in der Tabellenreihenfolge vor der Tabelle A einzuordnen Bei Änderung der Tabellenreihenfolge beachten, dass keine kartesischen Produkte entstehen.
Global	Ungünstige Tabellenreihenfolge im Join mit einer großen Treffermenge	Große Kardinalität-Peaks bei einigen Verknüpfungen im Join	Versuchen die Kardinalität-Peaks mit der oben beschriebenen heuristischen Methode zu beseitigen. Wenn die Laufzeit danach immer noch nicht akzeptabel ist, die jeweilige SQL-Anweisung parallelisieren.

Abb. 5.38 (Fortsetzung)

Vorgehensweise beim formalen SQL-Tuning 6

In diesem Abschnitt besprechen wir einen aus unserer Sicht sinnvollen Ablauf des formalen SQL-Tunings. Einige Schritte von diesem Ablauf können das Tuning erleichtern oder sogar erübrigen. Es scheint uns auch wichtig zu klären, welche Probleme beim Tuning eine höhere Priorität haben, wenn mehrere Probleme zugleich in einem Ausführungsplan auftreten.

Autor: „Peter, womit würdest du mit SQL-Tuning anfangen?"

Peter: „Mit dieser Frage hast du mich kalt erwischt. Nach so vielen neuen Informationen habe ich ein leichtes Durcheinander in meinem Kopf."

A.: „Dann klären wir das gemeinsam und systematisieren diese Informationen. Bevor ich mit SQL-Tuning anfange, prüfe ich immer, ob das SQL-Tuning überhaupt notwendig ist."

P.: „Wie denn?"

A.: „Möglicherweise ist ein guter Ausführungsplan zu der jeweiligen SQL-Anweisung entweder im AWR oder in der SQL-Area zu finden. Ist das der Fall, kann man diesen Plan fixieren (die Methoden dafür findet man in [1]). Wenn man den schlechten Ausführungsplan doch verbessern muss, würde ich noch einen Moment zögern."

P.: „Auf ein rettendes Wunder warten?"

A.: „Ich weiß deinen Humor zu schätzen, Peter. Es ist sinnvoll zu prüfen, ob die jeweilige SQL-Anweisung eventuell schlecht programmiert ist."

P.: „Du schlägst also vor, die SQL-Anweisung zu analysieren. Das ist aber gerade das, was ich zu meiden versuche, weil ich das meistens nicht kann."

© Springer-Verlag Berlin Heidelberg 2016
L. Nossov et al., *Formales SQL-Tuning für Oracle-Datenbanken,* Xpert.press,
DOI 10.1007/978-3-662-45292-9_6

SQL Plan Monitoring Details (Plan Hash Value=2648737676)

Id	Operation	Name	Time Active(s)	Execs	Rows (Actual)
0	INSERT STATEMENT			1	
1	LOAD TABLE CONVENTIONAL			1	
2	HASH UNIQUE		1514	1	0
3	HASH JOIN		1528	1	42296
4	TABLE ACCESS FULL	CO_PRM	1	1	4727
5	HASH JOIN		1528	1	79305
6	INDEX FULL SCAN	TE_PRM_PRM_PRDV_RULE_PK	1	1	4727
7	HASH JOIN		1614	1	79305
8	INDEX RANGE SCAN	TE_001_PROM_INTERVAL_PK001	1	1	25225
9	HASH JOIN		1614	1	12M
10	TABLE ACCESS FULL	TE_ITEM_CO_MRHRC_GP	15	1	145K
11	HASH JOIN		456	1	7M
12	TABLE ACCESS FULL	CO_EL_MRST_PRDV	1	1	4448
13	HASH JOIN		456	1	18M
14	TABLE ACCESS FULL	TE_PROMOTION_PRDV_RULE	1	1	4718
15	HASH JOIN		456	1	18M
16	TABLE ACCESS FULL	RU_PRDV	1	1	4244
17	MERGE JOIN CARTESIAN		456	1	19M
18	TABLE ACCESS FULL	CO_EL_PRDV	456	1	5287
19	BUFFER SORT		456	5287	19M
20	TABLE ACCESS FULL	RU_PRDV_ITM	1	1	3671

Abb. 6.1 Ein schlechter Ausführungsplan mit MERGE JOIN CARTESIAN

A.: „Einige andere Autoren empfehlen, sich zunächst mit der SQL-Anweisung anzufreunden und deren Struktur kennenzulernen. So weit gehe ich nicht, weil ich das nicht für notwendig halte. Andererseits ist es verkehrt, die Augen beim Tuning ganz zu schließen. Einige grobe Fehler sind sehr auffällig. Solche Fehler sollte man lieber zusammen mit dem Entwickler korrigieren, statt die SQL-Anweisung zu tunen. Am nächsten Beispiel zeige ich, dass das in einigen Fällen gar nicht schwierig ist. Eine SQL-Anweisung lief meistens relativ performant. Ab und zu wechselte sie aber zu einem inperformanten Ausführungsplan, der in Abb. 6.1 dargestellt wird."

P.: „In Schritt 17 wird dort ein kartesisches Produkt mit der Kardinalität von 19M erzeugt. Das ist wahrscheinlich der Grund für die schlechte Performanz. Was hast du mit diesem kartesischen Produkt getan?"

A.: „Gar nichts. Ich habe bemerkt, dass der gute Plan auch ein kartesisches Produkt drin hatte. Im jeweiligen Join war auch die Tabelle CO_EL_PRDV beteiligt. Aus diesem Grund habe ich vermutet, dass diese Tabelle keine Join-Prädikate hatte. Dies habe ich direkt im SQL-Text verifiziert. Peter, du kannst das auch probieren."

```
/* B2230 */ insert into TE_001_PROM_INTERVAL (TYPECODE, ITEM_ID, CO_PRM__ID_PRM,
MERCHANDISE_STRUCTURE_ID, CO_PRM__DC_PRM_EF, CO_PRM__DC_PRM_EP, CO_PRM__DESCRIPTION,
CO_PRM__NM_PRM_PRT, CO_PRM__ORIGIN, CO_PRM__PROMOTION_TYPE, CO_PRM__PROMOTION_TYPE_NAME,
CO_PRM__EXTERNAL_PROMOTION_ID, RU_PRDV__DE_RU_PRDV, RU_PRDV__EXTERNAL_PRDV_RULE_ID,
RU_PRDV__ROUNDING_METHOD_CODE, RU_PRDV__DECIMAL_PLACES_COUNT, RU_PRDV__ROUND_DESTINATION_VAL,
PROMOTION_PRDV_RULE__I_D_C_V, PROMOTION_PRDV_RULE__R_PR_NM, PROMOTION_PRDV_RULE__TYPECODE,
THRESHOLD_QUANTITY, INTERVAL_QUANTITY, LIMIT_QUANTITY, REDUCTION_METHOD_CODE, REDUCTION_AMOUNT,
REDUCTION_PERCENT, NEW_PRICE_AMOUNT, EFFECTIVE_DATE_TIME, EXPIRATION_DATE_TIME,
ITEM_IS_SET_HEADER)
select distinct :1 , TE_ITEM_CO_MRHRC_GP.ITEM_ID, CO_PRM.ID_PRM, :2 , CO_PRM.DC_PRM_EF,
CO_PRM.DC_PRM_EP, CO_PRM.DESCRIPTION, CO_PRM.NM_PRM_PRT, CO_PRM.ORIGIN, CO_PRM.PROMOTION_TYPE,
CO_PRM.PROMOTION_TYPE_NAME, CO_PRM.EXTERNAL_PROMOTION_ID, RU_PRDV.DE_RU_PRDV,
RU_PRDV.EXTERNAL_PRDV_RULE_ID, RU_PRDV.ROUNDING_METHOD_CODE, RU_PRDV.DECIMAL_PLACES_COUNT,
RU_PRDV.ROUND_DESTINATION_VALUE, TE_PROMOTION_PRDV_RULE.ITEM_DISCOUNT_CONTROL_VECTOR,
TE_PROMOTION_PRDV_RULE.RECEIPT_PRINTER_NAME, TE_PROMOTION_PRDV_RULE.TYPECODE,
CO_EL_MRST_PRDV.QU_TH, CO_EL_MRST_PRDV.QU_INTV, CO_EL_MRST_PRDV.QU_LM, RU_PRDV_ITM.CD_RDN_MTH,
RU_PRDV_ITM.MO_RDN, RU_PRDV_ITM.PE_RDN, RU_PRDV_ITM.MO_PRC,
TE_ITEM_CO_MRHRC_GP.EFFECTIVE_DATE_TIME, TE_ITEM_CO_MRHRC_GP.EXPIRATION_DATE_TIME, :3
from RU_PRDV, TE_PROMOTION_PRDV_RULE, RU_PRDV_ITM, CO_PRM, TE_PRM_PRM_PRDV_RULE,
TE_001_PROM_INTERVAL templateTable, CO_EL_PRDV, CO_EL_MRST_PRDV, TE_ITEM_CO_MRHRC_GP
where RU_PRDV.ID_RU_PRDV = TE_PROMOTION_PRDV_RULE.PRDV_RULE_ID and RU_PRDV_ITM.ID_RU_PRDV =
RU_PRDV.ID_RU_PRDV and RU_PRDV.ID_RU_PRDV = TE_PRM_PRM_PRDV_RULE.PRDV_RULE_ID and
TE_PRM_PRM_PRDV_RULE.PROMOTION_ID = CO_PRM.ID_PRM and TE_PROMOTION_PRDV_RULE.SALE_RETURN_TYPECODE
<> :4 and TE_PROMOTION_PRDV_RULE.AMENDMENT_TYPECODE <> :5 and
RU_PRDV.LU_CBRK_PRDV_TRN in (:6 , :7 ) and ( RU_PRDV.SC_RU_PRDV is null or RU_PRDV.SC_RU_PRDV =
:8 ) and RU_PRDV.TY_RU_PRDV = :9 and RU_PRDV.BONUSPOINTS_FLAG = :10 and
RU_PRDV.EXTERNAL_PRDV_RULE_ID in ('1', '2', '8') and ( RU_PRDV.REBATE_METHOD_CODE is null or
RU_PRDV.REBATE_METHOD_CODE = :11 ) and RU_PRDV_ITM.CD_RDN_MTH in (:12 , :13 , :14 ) and
templateTable.TYPECODE = :15 and ( templateTable.CO_PRM__ID_PRM = :16 ) and
CO_EL_MRST_PRDV.ID_EL_PRDV = TE_PROMOTION_PRDV_RULE.PRDV_RULE_EL_ID and (
( CO_EL_MRST_PRDV.TY_TH in (:17 , :18 ) and CO_EL_MRST_PRDV.QU_TH <= 1) or (
CO_EL_MRST_PRDV.TY_TH in (:19 ) and CO_EL_MRST_PRDV.MO_TH = 0.01)) and CO_EL_PRDV.TY_EL_PRDV =
:20 and (CO_EL_MRST_PRDV.ID_MRHRC_GP like :21 ) and (
TE_ITEM_CO_MRHRC_GP.MERCHANDISE_HIERARCHY_GROUP_ID = CO_EL_MRST_PRDV.ID_MRHRC_GP and (
templateTable.ITEM_ID <> :22 and TE_ITEM_CO_MRHRC_GP.ITEM_ID = templateTable.ITEM_ID )) and (
TE_ITEM_CO_MRHRC_GP.EXPIRATION_DATE_TIME is null or TE_ITEM_CO_MRHRC_GP.EXPIRATION_DATE_TIME
>= :23 ) and ( TE_ITEM_CO_MRHRC_GP.STATUS_CODE is null or TE_ITEM_CO_MRHRC_GP.STATUS_CODE = :24 )
```

P.: „Diese Tabelle hat ein einziges Prädikat CO_EL_PRDV.TY_EL_PRDV = :20. Sie ist in der Tat mit keiner anderen Tabelle verknüpft. Ich merke auch keine Spalten aus dieser Tabelle in der Select-Liste. Sie ist im Join lediglich dafür da, die Datensätze der Treffermenge zu multiplizieren. Mit dem Operator DISTINCT werden diese doppelten Datensätze dann wieder entfernt. Das ist ja eine seltsame SQL-Anweisung!"

A.: „Das ist eine offensichtlich schlecht programmierte SQL-Anweisung. Nach Entfernen der Tabelle CO_EL_PRDV aus dem Join gab es keine Probleme mehr mit dieser SQL-Anweisung. War diese Analyse kompliziert für dich?"

P.: „Ich muss gestehen: Das war sehr einfach. Ich möchte aber fragen, warum du den guten Plan nicht fixiert hast?"

A.: „Das war nicht möglich. Du hast sicherlich den Kommentar am Anfang des SQL-Textes bemerkt. Das ist der Name des jeweiligen Datenbankschemas. Da sich Hunderte identisch ausgebaute Datenbankschemata in dieser Datenbank befanden, gab es entsprechend viele problematische SQL-Anweisungen, die sich lediglich in diesen Kommentaren unterschieden. Man hätte also Hunderte von Ausführungsplänen dieser SQL-Anweisungen fixieren müssen."

P.: „Alles klar."

A.: „Jetzt besprechen wir,

- wie man Engpässe im Ausführungsplan feststellen kann,
- welche Probleme man zunächst beseitigen und welche Problemlösungen man bevorzugen soll."

P.: „Die Engpässe sind sehr einfach zu finden. Ein Ausführungsplanschritt mit der größten Laufzeit ist zugleich ein Engpass. Richtig?"

A.: „Nicht immer. Wenn ein Schritt beispielsweise mit einem FTS statt eines Index-Zugriffs die größte Laufzeit hat, ist dieser FTS ein Engpass im Ausführungsplan. Häufig zeigt sich ein Problem in einer großen Laufzeit erst in einem der darauffolgenden Ausführungsplanschritte. Darüber haben wir bereits im Abschnitt ‚Ein nicht selektiver Index' gesprochen."

P.: „Wie soll man denn vorgehen? Nach der größten Kardinalität im Ausführungsplan suchen?"

A.: „Man kann nach einem Schritt mit der größten Laufzeit suchen, wie du vorhin vorgeschlagen hast. Danach muss man aber schauen, was für ein Problem das ist. Gehört dieses Problem zu einer der folgenden Klassen:
- FTS wegen eines fehlenden Indexes,
- FTS auf einer Sparse-Tabelle,
- Index Scan über einen Sparse-Index,
- ein selektiver Filter bei Index Scan,

ist der Schritt mit der größten Laufzeit ein Engpass im Ausführungsplan. Ziemlich genau zeigt eine große Laufzeit auch auf einen problematischen Join aus der Klasse ‚Nested Loop statt Hash Join und umgekehrt'. Wenn ein Problem im Zusammenhang mit einer großen Kardinalität entsteht, wird dieses Problem normalerweise nicht im Schritt mit der größten Laufzeit verursacht, sondern in einem der voranstehenden Schritte, wo die große Datenmenge verarbeitet werden muss (also in einem Schritt mit einer großen Kardinalität). Das sind Probleme aus den folgenden Klassen:
- Index Scan über einen nicht selektiven Index,
- Index Scan über einen Index mit einem großen Clustering Factor,
- ungünstige Tabellenreihenfolge im Join.

Man kann auch anders vorgehen: Zunächst die Schritte mit großer Kardinalität ermitteln, die jeweiligen Probleme identifizieren und beseitigen. Laut unserer Statistik der Problemfälle im Abschnitt ‚Statistiken zu Problemklassen' kann man damit die meisten Probleme lösen. Danach muss man für alle Fälle die Schritte mit großer Laufzeit überprüfen. Das ist die Vorgehensweise, die ich bevorzuge. ‚Kardinalität' ist ein Zauberwort für das SQL-Tuning (Abb. 6.2). Bei der Analyse von Problemen aus der zweiten Klassengruppe spielt sie eine entscheidende Rolle, für die erste Gruppe ist sie zusammen mit den anderen Laufzeitstatistiken auch enorm wichtig."

P.: „Was soll ich tun, wenn ich mehrere Probleme in einem Ausführungsplan habe?"

A.: „Wenn diese Probleme an verschiedenen Stellen im Ausführungsplan auftreten, kannst du sie nacheinander beseitigen. Wesentlich interessanter ist es, wenn diese Probleme praktisch an derselben Stelle auftreten. Dann muss man sich entscheiden, wie man anfängt."

Abb. 6.2 Wenn es mit
„Sesam, öffne dich!" nicht
klappt, mal mit „Kardinalität"
probieren

P.: „Ich würde mit dem Problem anfangen, das am meisten die Performanz gefährdet."

A.: „Du richtest dich also wieder nach der Laufzeit: Das Problem, welches die größte
Laufzeit verursacht, wird zunächst beseitigt. In vielen Fällen ist das auch richtig. Im
Beispiel aus Abb. 5.35 hatten wir zwei Probleme: eine ungünstige Tabellenreihenfolge
im Join und einen Index Scan über einen Index mit einem großen Clustering Factor und
darauffolgenden Tabellenzugriff über die Rowid. Das erste Problem hat die Laufzeit
von ca. 45 s verursacht, das zweite ca. 8 min. Aus diesem Grund habe ich zunächst
das zweite Problem beseitigt, was zugleich die Tabellenreihenfolge optimiert hat. Es
gibt aber Fälle, bei denen die Entscheidung nicht so einfach zu treffen ist, weil sie von
mehreren Faktoren abhängt."

P.: „Hatten wir bereits ein Beispiel dazu?"

A.: „Natürlich. Das ist das Beispiel aus Abb. 5.13. Dort kann man mehrere Probleme erkennen, z. B. einen nicht effektiven Nested Loop Join. Es ist aber schwer, im Voraus
zu sagen, was genau dieser Nested Loop Join kostet. Erst nach dem Einsetzen von
Hash Join statt des Nested Loop Join ist es klar geworden, dass der Nested Loop Join
ziemlich teuer war (die Laufzeit wurde von 573 auf ca. 30–50 s reduziert). Das zweite
Problem, was man dort erkennen kann, ist ein nicht selektiver Index in Schritt 19. Dieses Problem haben wir bereits im Abschnitt ‚Nested Loop Join statt Hash Join und umgekehrt' angesprochen. Peter, könntest du bitte dieses Problem nochmals analysieren."

P.: „Die Kardinalität bei Index Scan über den Index EM_METRIC_ITEMS_KEY_IDX
beträgt 584M im Schritt 19. Sie sinkt im nächsten Schritt 18 auf 8M bei dem Tabellenzugriff über die Rowid. Dies spricht für einen selektiven Filter in Schritt 18. Erweitert
man den Index EM_METRIC_ITEMS_KEY_IDX um selektive Spalten aus diesem
Filter, reduziert man die Kardinalität schon in Schritt 19 und verbessert die Laufzeit."

A.: „Solch eine Änderung in einem Schema von Oracle selbst (SYSMAN) ist nicht er-
laubt. Nehmen wir aber an, dass das kein Schema von Oracle und die jeweilige Index-
Erweiterung legitim ist. Es ist wieder schwer zu sagen, wie viel Performanz das bringen
würde (ich vermute eine Laufzeit von 1–2 min bei dieser Lösung). Wir haben aber
ein drittes Problem im Ausführungsplan: eine ungünstige Tabellenreihenfolge im Join.
Nach der Beseitigung dieses Problems sank die Laufzeit auf 0,59 s. Bei der Problem-
analyse konnte man bereits vermuten, dass das eventuell die schnellste Lösung ist. Die
von 8M in Schritt 6 auf 23 in Schritt 5 gesunkene Kardinalität sah sehr vielverspre-
chend aus. Welche von diesen drei Lösungen ist die beste, Peter?“

P.: „Selbstverständlich die schnellste.“

A.: „So selbstverständlich ist das nicht. Wenn man eine sehr schnelle Lösung benötigt,
muss man sich auf eine schnellstmöglich umzusetzende Lösung konzentrieren. Möglicherweise hätte die Lösung mit der Laufzeit von 1–2 min aber vollkommen ausge-
reicht.“

P.: „Was spricht aber gegen die schnellste Lösung?“

A.: „Wie es meistens bei formalem SQL-Tuning ist, benötigt man in diesem Fall ein Hint
für die jeweilige Änderung im Ausführungsplan. Man kann dieses Hint explizit in den
SQL-Text einfügen. Dies bedeutet aber eine Programmcodeänderung. Es ist auch möglich, dieses Hint implizit als ein verstecktes (hidden) Hint einzufügen. Dafür benutzt
ein Datenbankadministrator entweder Stored Outlines (vor Oracle 12c), SQL-Profile,
SQL-Patch oder SQL-Plan-Baselines (s. in [1]). Es gibt Firmen, bei denen man dafür
eine Genehmigung benötigt. Das ist genau die Situation, die Hanno Ernst im Abschnitt
‚Hannos Erfahrungen‘ erwähnt. In solchen Fällen benutzt er oft eine Index-Erweiterung. Bei Index-Erweiterungen ändert sich der Clustering Factor des Indexes, was die
Tabellenreihenfolge im Join auch ändern kann. Bei seinen Systemen bemerkt Hanno,
dass solche Änderungen der Tabellenreihenfolge meistens von Vorteil sind und aus
diesem Grund bevorzugt er womöglich Index-Erweiterungen den anderen Lösungen.“

P.: „Du meinst also, dass die beste Lösung konkret zu einer Situation passen muss.“

A.: „So ist es.“

Praktische Erfahrungen mit dem formalen SQL-Tuning

7.1 Hannos Erfahrungen

Aus einer Idee, wie man in einem Blog mittels reinem Text ping-pong jemandem beim Tuning eines durchaus komplexen Ausführungsplans erfolgreich helfen kann, hat sich die „formale Methode" entwickelt.

„Formale Methode" – was bedeutet das eigentlich? Das fragte ich mich, als ich das erste mal davon hörte. „Formal" – der Form entsprechend – nicht dem Inhalt! Ziehen wir Parallelen zwischen der Wortbedeutung und der Vorgehensweise, dann würde ich das so beschreiben: Wir haben eine Form; das sind unsere Regeln. Unabhängig vom Datenmodell oder den Dateninhalten wenden wir die Regeln an und kommen damit sehr effizient ans Ziel.

Um vernünftig Tuning machen zu können, muss man die Ausführungspläne verstehen – zumindest halbwegs. Das Kapitel „Minimum minimorum zum Thema ‚Ausführungsplan'" ist deshalb relativ umfangreich ausgefallen, und das ist auch gut so.

Als Mann mit persönlicher praktischer Erfahrung kann ich sagen, dass das Benutzen der Laufzeit-Statistiken ganz neue Möglichkeiten eröffnet. Denn durch sie sieht man, was wirklich passiert. Man kann sie auch mit den Optimizer-Schätzungen vergleichen. Um die Ursache zu finden, analysierten wir früher oft mit dem Zählen von Werteverteilungen oder Eindeutigkeiten und verglichen sie mit den Statistiken des Optimizer. Wir mussten uns damit etwas in die Lage eines Entwicklers versetzen, uns also Datenmodellkenntnisse aneignen. Dies dauert allerdings ziemlich lange, und Abhilfe soll genau dieses Buch hier schaffen. Die Laufzeitstatistiken sind das, was mir immer gefehlt hat, und im Nachhinein wundere ich mich auch nicht darüber, dass die Analyse oft so schwer war und auf „trial & error" basierte.

Peter, ich umschreibe dir mal kurz meine persönliche Vorgehensweise:

© Springer-Verlag Berlin Heidelberg 2016
L. Nossov et al., *Formales SQL-Tuning für Oracle-Datenbanken,* Xpert.press,
DOI 10.1007/978-3-662-45292-9_7

Hanno: „Wir setzen voraus, dass wir einen problematischen Cursor ermittelt haben. Wie das geht, wird ausführlich in [1] beschrieben. Nun muss das Problem reproduzierbar gemacht werden, natürlich ohne dabei die produktiven Daten zu verändern."

Peter: „Du ermittelst den SQL-Text und, wenn vorhanden, die Bind-Variablen. Dann führst d die SQL-Anweisung aus, um an die wichtigen Laufzeitstatistiken zu kommen."

H: „Richtig. Ich bereite alle Randbedingungen für eine Ausführung vor. Danach wird die SQL-Anweisung ausgeführt und der Plan mit der Funktion DBMS_STATS.DISPLAY_ CURSOR inklusive der weiteren Abschnitte angezeigt."

P: „Dann haben wir alles, was wir für die Analyse brauchen?!"

H: „Ja, in der Regel schon. Es gibt aber eine paar Ausnahmen. Das kann zum Beispiel mit ‚bind peeking' passieren, wenn die gefundenen Binds nicht repräsentativ sind, weil sie ursprünglich zum Parsen des Cursors benutzt wurden und Oracle den Cursor wieder verwendet."

P: „Das heißt, das ist derselbe Plan, aber mit ganz anderen Kardinalitäten der einzelnen Schritte?"

H: „Genau, das kann durchaus passieren. Mit den gewonnenen Daten steige ich dann, wie in Kapitel „Engpässe im Ausführungsplan" und „Vorgehensweise beim formalen SQL-Tuning" besprochen, in die Analyse ein, identifiziere den Engpass und überlege mir eine Lösung. Da in meinem Umfeld sehr selten Lizenzen für die EM-Packs vorhanden sind, kann ich oft nicht auf das AWR zugreifen oder das SQL-Monitoring benutzen und außerdem keine SQL-Profiles anlegen. Deshalb versuche ich, wenn das möglich ist, mit Strukturänderungen an Schema-Objekten zu agieren. Zum Beispiel kann das Verbreitern eines Indexes einige unserer Problemklassen lösen."

7.1.1 Statistiken zu Problemklassen

Wir Autoren haben während der Vorbereitung zu diesem Buch unsere realen Problemfälle bei akuten Performanz-Problemen zum statistischen Zweck dokumentiert. Aus diesen Daten aus dem praktischen Einsatz ergeben sich die Problemklassen mit ihrer prozentualen Verteilung (Abb. 7.1).

Diese Statistiken wurden sowohl auf OLTP-Systemen als auch auf DWH gesammelt. Es bestätigte sich, dass das formale SQL-Tuning die meisten praktischen Problemfälle abdeckt. Lediglich 7 % gehören zu den „anderen" Problemklassen, aber auch sie wurden erfolgreich nach demselben formalen Prinzip analysiert und beseitigt.

In den Schemata der Applikationen sind meist genug Indizes vorhanden, deshalb auch nur ein kleiner Anteil in der Statistik beim „fehlenden Index".

Es werden oft viele einzelne Spalten indiziert, weswegen die meisten Fälle zur Problemklasse „nicht selektiver Index" gehören. Das heißt, zwei Spalten sind einzeln indiziert, sind einzeln nicht sehr selektiv, aber werden häufig gemeinsam per SQL abgefragt. Ein kombinierter Index dieser Spalten sollte die Selektivität erhöhen und das Problem lösen. Ein DBA muss also Analyse und Behebung dieser Probleme unbedingt beherrschen. Es

Problemklasse	Häufigkeit
ein fehlender Index	<5%
ein nicht selektiver Index	47%
ein Index mit einem großen Clustering Factor	10%
ein Sparse-Index	<5%
eine Sparse-Tabelle	<5%
ein ungünstiger Nested Loop Join statt Hash Join	<5%
eine ungünstige Tabellenreihenfolge in einem Join von mehreren Tabellen	20%
eine schlecht programmierte SQL-Anweisung. Kein Bedarf für SQL-Tuning	<5%
restliche Probleme	7%

Abb. 7.1 Problemklassen und deren Auftreten in der Praxis

folgt anschließend ein einfacher Test-Case, den jeder bei Gelegenheit selbst ausprobieren kann.

Die zweitgrößte Problemklasse ist eine „ungünstige Tabellenreihenfolge in einem Join". Ich möchte kurz meine Erfahrungen dazu einbringen. Da dies zu den globalen Problemen gehört, ist die Lösung nicht ganz so einfach. Ein Grund für die falsche Reihenfolge ist die Tatsache, dass der Optimizer die Kardinalität einer Tabellenverknüpfung (oder eines Tabellenzugriffs) falsch einschätzt. Ich hab oft erlebt, dass man in einem solchen Problemfall auch einen nicht selektiven Index findet. Wenn man den Index verbessert (bzw. verbreitert), ändert sich oft auch die Reihenfolge des Join zum Guten.

Die Sparse-Objekte entstehen erst im Betrieb der Applikation. Durch Inserts, Updates, Deletes fragmentieren die Objekte und es gibt unter Umständen sehr große freie Bereiche, die trotzdem mitgelesen werden. Indizes sind hierfür sehr anfällig, z. B. bei Spalten mit laufender Nummer, Statuswechsel oder Zeit-Feldern.

Die beiden größten Kategorien in unserer Tabelle decken 67 % aller Fälle ab. Ein DBA kann schon ziemlich erfolgreich beim SQL-Tuning sein, wenn er mit solchen Problemen klarkommt.

7.1.2 Kleiner synthetischer Test-Case zum nicht selektiven Index

Dieser Fall kommt in der Praxis sehr oft vor, und er ist sehr gut zu erkennen. Die Lösung ist einfach, den Regeln des formalen SQL-Tunings entsprechend und ohne Änderung an der SQL-Anweisung zu implementieren.

Hanno: „Peter, würdest du bitte kommentieren…".

```
alter session set cursor_sharing=exact;
alter session set statistics_level=all;
drop table tab1;
create table tab1 as
select mod(level,2000) a,mod(level,666) b,mod(level,5) c from dual connect by level <= 2000000;
exec dbms_stats.gather_table_stats('SYS','TAB1');

select a,b,c from tab1 where a=1 and b between 40 and 300;
```

Id	Operation	Name	Cost (%CPU)	A-Rows	Buffers
0	SELECT STATEMENT		1190 (100)	390	4339
* 1	TABLE ACCESS FULL	TAB1	1190 (2)	390	4339

```
Predicate Information (identified by operation id):
---------------------------------------------------
   1 - filter(("A"=1 AND "B"<=300 AND "B">=40))

Column Projection Information (identified by operation id):
-----------------------------------------------------------
   1 - "A"[NUMBER,22], "B"[NUMBER,22], "C"[NUMBER,22]
```

Peter: „Hier gibt es nichts zu sagen. Die Tabelle ohne Index wird mit FTS gelesen."
H.: „Dann legen wir einen Index an. Was sagst du jetzt?"

```
create index tab1_i on tab1 (a);
select a,b,c from tab1 where a=1 and b between 40 and 300;
```

Id	Operation	Name	Cost (%CPU)	A-Rows	Buffers
0	SELECT STATEMENT		1005 (100)	390	1031
* 1	TABLE ACCESS BY INDEX ROWID	TAB1	1005 (0)	390	1031
* 2	INDEX RANGE SCAN	TAB1 I	5 (0)	1000	31

```
Predicate Information (identified by operation id):
---------------------------------------------------
   1 - filter(("B"<=300 AND "B">=40))
   2 - access("A"=1)

Column Projection Information (identified by operation id):
-----------------------------------------------------------
   1 - "A"[NUMBER,22], "B"[NUMBER,22], "C"[NUMBER,22]
   2 - "TAB1".ROWID[ROWID,10], "A"[NUMBER,22]
```

P: „Die Prädikate zeigen ‚access' – also Zugriff – über den Index. Danach werden die 1000 Zeilen in der Tabelle gefiltert. Dabei werden 1000 Tabellenblöcke angefasst (1031 – 31). Hier sieht man aber auch, dass der Clustering-Factor sehr hoch ist. 1000 Zeilen – 1000 Buffers…"

H: „Ja, das stimmt. Ein schlechter Clustering Factor + eine schlechte Optimizer-Schätzung der Kardinalität oder eine niedrige Selektivität des Indexes = ein großes Performanz-Problem."

```
create index tab1_ii on tab1 (a,b);
select a,b,c from tab1 where a=1 and b between 40 and 300;
```

Id	Operation	Name	Cost (%CPU)	A-Rows	Buffers
0	SELECT STATEMENT		398 (100)	390	420
1	TABLE ACCESS BY INDEX ROWID	TAB1	398 (0)	390	420
* 2	INDEX RANGE SCAN	TAB1 II	4 (0)	390	30

```
Predicate Information (identified by operation id):
---------------------------------------------------
   2 - access("A"=1 AND "B">=40 AND "B"<=300)

Column Projection Information (identified by operation id):
-----------------------------------------------------------
   1 - "A"[NUMBER,22], "B"[NUMBER,22], "C"[NUMBER,22]
   2 - "TAB1".ROWID[ROWID,10], "A"[NUMBER,22], "B"[NUMBER,22]
```

P: „Jetzt ist der FILTER auf ‚b' verschwunden. Der Zugriff auf die Spalten in der Bedingung findet ausschließlich im Index statt. Das bedeutet, auf die Tabelle wird jetzt nur noch wegen der Projektion der Spalte ‚c' zugegriffen. Wie du sagtest – mit der Verbreiterung sanken die Kardinalität (nicht selektiver Index) in Schritt 2 und auch die Buffers in Schritt 1."

H.: „Verbreitern wir jetzt den Index um die Spalte ‚c'."

```
create index tab1_iii on tab1 (a,b,c);
select a,b,c from tab1 where a=1 and b between 40 and 300;
```

Id	Operation	Name	Cost (%CPU)	A-Rows	Buffers
0	SELECT STATEMENT		4 (100)	390	30
* 1	INDEX RANGE SCAN	TAB1_III	4 (0)	390	30

```
Predicate Information (identified by operation id):
---------------------------------------------------
   1 - access("A"=1 AND "B">=40 AND "B"<=300)

Column Projection Information (identified by operation id):
1 - "A"[NUMBER,22], "B"[NUMBER,22], "C"[NUMBER,22]
```

P: „Ja super! Nun sind die 390 Blöcke (420 – 30) für den Tabellenzugriff auch nicht mehr nötig und es verbleiben nur die 30. Das ist schon beachtlich, was man da einsparen kann. Geht das nur im Beispiel oder ist das in der Praxis auch so?"

H: „Meine persönliche Erfahrung zeigt, dass das wirklich oft funktioniert. Zumindest bis zur ersten Indexverbreiterung im Test (tab1_ii) benutze ich das sehr häufig. Um das letzte Bisschen herauszukitzeln und einen Index-Only-Zugriff zu verursachen, müssen die Rahmenbedingungen stimmen."

P: „Und das wären…?"

H: „1. Nur wenige oder sehr schmale Spalten, sodass der Index nicht viel wächst. 2. Falls der Index durch die Änderung im 2-stelligen Prozentbereich größer wird, müssen schon triftige Gründe vorliegen. Zum Beispiel, wenn die SQL-Anweisungen, welche die oben gezeigte Verbesserung erfahren, tausende Male pro Minute ausgeführt werden."

7.1.3 Praktisches Beispiel

Dieses Beispiel zeigt die Auswertung eines fachlichen Administrators mit zwei Verbesserungspotenzialen und einer für ihn unerwarteten Besonderheit. Da die Daten im Moment der Ausführung meist nicht im Cache sind, simuliere ich das auch entsprechend mit dem Kommando „alter system flush buffer_cache" vor jeder Ausführung.

Die SQL-Anweisung:

```
select
tp.produktionsplan_typname,
tp.tai_typname,
to_char(t.letzteausfuehrung,'YYYY-MM-DD HH24') std ,
count(*)
from
tai t, tai_produktionsplan tp
where
t.letzteausfuehrung > to_timestamp('2014.10.27 00:00:00', 'YYYY-MM-DD HH24:MI:SS')
and t.letzteausfuehrung <= to_timestamp('2014.11.02 23:59:59', 'YYYY-MM-DD HH24:MI:SS')
and t.kennung = tp.tai_kennung
group by tp.produktionsplan_typname,tp.tai_typname,to_char(t.letzteausfuehrung,'YYYY-MM-DD HH24')
order by tp.produktionsplan_typname,tp.tai_typname,to_char(t.letzteausfuehrung,'YYYY-MM-DD
HH24');
```

Im Ausführungsplan sehen wir folgende Auffälligkeiten.

- Der „Index Range Scan" in Schritt 5 hat eine sehr große Kardinalität.
- Danach wird in Schritt 4 knapp 4 Mio. Mal auf Rowid zugegriffen, und dabei werden
  fast ebenso viele Blöcke gelesen.

Die Erkenntnis ist also Folgende: Ein schlechter Clustering Factor + große Kardinalität
beim Indexzugriff = ein sehr großes Performanz-Problem (Abb. 7.2).

Machen wir eine kleine Wiederholung zum Abschnitt „Abschnitte im Ausführungsplan".

Wenn bei einer Operation „INDEX RANGE SCAN" mit „access" zugegriffen wird
und es danach noch nötig ist, über Rowid einen weiteren Filter anzuwenden, dann wäre
ein Sternchen im Plan beim „TABLE ACCESS..." vor der „Id" gewesen. In diesem Fall
hätte man den Index um die Spalte(n) verbreitern können, welche sich bei den „Predicate
Information" im jeweiligen Schritt in den Klammern zum Filter befunden hätten. Um die
Rowid-Zugriffe zu vermeiden, muss man den Index noch um die Spalte(n) aus „Column
Projection Information" verbreiten. Diese Projektionsspalte(n) werden im SELECT an-
gefordert.

Idealerweise würde ich jetzt versuchen, die Tabellenzugriffe (Schritt 4) zu verhindern,
indem Oracle mit Index-Only-Zugriff arbeiten kann. Dies setzte voraus, dass alle Spalten
der Tabelle, die als Filterkriterium und zur Anzeige (Projektion) benötigt werden, im Index enthalten sind! Prüfen wir, welche Spalten im Index vorhanden sind.

Id	Operation	Name	A-Rows	A-Time	Buffers	Reads
0	SELECT STATEMENT		21916	01:04:52.62	6035K	5069K
1	SORT GROUP BY		21916	01:04:52.62	6035K	5069K
* 2	FILTER		3955K	01:04:34.66	6035K	5069K
* 3	HASH JOIN		3955K	01:04:33.41	6035K	5069K
4	TABLE ACCESS BY INDEX ROWID	TAI	3955K	00:57:03.52	3849K	2883K
* 5	INDEX RANGE SCAN	IDX TAI LETZTEAUSF KENN	3955K	00:00:30.94	27601	31626
6	TABLE ACCESS FULL	TAI PRODUKTIONSPLAN	160M	00:09:14.98	2185K	2185K

Abb. 7.2 Praktisches Beispiel: Der problematische Ausführungsplan

```
SQL> select COLUMN_NAME,COLUMN_POSITION from dba_ind_columns where
index_name='IDX_TAI_LETZTEAUSF_KENN' order by COLUMN_POSITION;

COLUMN_NAME     COLUMN_POSITION
--------------- ----------------
SYS_NC00037$                   1
KENNUNG                        2
```

Jetzt sind wir an einer Besonderheit angekommen. Schauen wir uns die Details für den Plan oben an. Wir haben, wie erwartet, ein Sternchen in Schritt 5. Wir haben keinen Stern in Schritt 4. Es muss sich also in Schritt 4 lediglich um eine Projektion handeln.

```
Predicate Information:
   2 - filter(SYS_EXTRACT_UTC(TIMESTAMP' 2014-11-02
23:59:59.000000000')>SYS_EXTRACT_UTC(TIMESTAMP' 2014-10-27 00:00:00.000000000'))
   3 - access("T"."KENNUNG"="TP"."TAI_KENNUNG")
   5 - access("T"."SYS_NC00037$">SYS_EXTRACT_UTC(TIMESTAMP' 2014-10-27 00:00:00.000000000') AND
"T"."SYS_NC00037$"<=SYS_EXTRACT_UTC(TIMESTAMP' 2014-11-02 23:59:59.000000000'))

Column Projection Information:
   4 - "T"."KENNUNG"[NUMBER,22], "LETZTEAUSFUEHRUNG"[TIMESTAMP WITH TIME ZONE,13]
   5 - "T".ROWID[ROWID,10], "T"."SYS_NC00037$"[TIMESTAMP,11], "T"."KENNUNG"[NUMBER,22]
```

Auffällig ist die Nutzung der Funktion SYS_EXTRACT_UTC, denn sie ist in der SQL-Anweisung gar nicht angegeben. Außerdem deutet der Spaltenname ‚SYS_NC00037$' einen FBI (‚function based index') Index an.

Wir haben hier einen Sonderfall. Die Spalte „LETZTEAUSFUEHRUNG" ist vom Typ ‚TIMESTAMP WITH TIME ZONE'. Da dies kein absoluter Wert ist, speichert Oracle ihn in UTC (SYS_EXTRACT_UTC) ab. Ein Index auf einer solchen Spalte wird automatisch als FBI erzeugt.

Das zeigt auch ein kurzer Test (Abb. 7.3).

Die in der SQL-Anweisung anzuzeigenden Werte TO_CHAR(„LETZTEAUS-FUEHRUNG",‚YYYY-MM-DD HH24') können nicht aus dem Index berechnet werden. Deshalb muss in Schritt 4 zusätzlich auf die Rowid zugegriffen werden, um die Projektion zu ermöglichen.

```
SQL> create table tab1 (column1 timestamp with time zone);
Table created.

SQL> create index ind1 on tab1 (column1);
Index created.

SQL> select dbms_metadata.get_ddl('INDEX','IND1','SYS') from dual;
DBMS_METADATA.GET_DDL('INDEX','IND1','SYS')
--------------------------------------------------------------------------------

  CREATE INDEX "SYS"."IND1" ON "SYS"."TAB1" (SYS_EXTRACT_UTC("COLUMN1"))  PCTFREE 10 INITRANS 2
MAXTRANS 255 COMPUTE STATISTICS  STORAGE(INITIAL 65536 NEXT 1048576 MINEXTENTS 1 MAXEXTENTS
2147483645 PCTINCREASE 0 FREELISTS 1 FREELIST GROUPS 1  BUFFER_POOL DEFAULT FLASH_CACHE DEFAULT
CELL_FLASH_CACHE DEFAULT) TABLESPACE "SYSTEM"
```

Abb. 7.3 Test-Case: Index auf der Spalte vom Typ „TIMESTAMP WITH TIME ZONE"

Hinweis: Ein FBI mit SYS_EXTRACT_UTC wird stillschweigend nur für TIMES-TAMP WITH TIME ZONE erzeugt (nicht für local timezone).

Die erste Verbesserung:

Der vorhandene Index wird um die Spalte TO_CHAR(„LETZTEAUS-FUEHRUNG",,YYYY-MM-DD HH24') erweitert. Damit soll der Zugriff auf die Tabelle komplett entfallen.

```
CREATE INDEX IDX_TAI_LETZTEAUSF_KENN2 ON TAI ("LETZTEAUSFUEHRUNG", "KENNUNG",
TO_CHAR("LETZTEAUSFUEHRUNG",'YYYY-MM-DD HH24'));
```

Als Ergebnis ist der Tabellenzugriff auf TAI komplett entfallen. Die Projektion des Zeitraumes findet nun in Schritt 4 statt. In diesem Beispiel ist das die Spalte T.SYS_NC00040$ im FBI (Abb. 7.4).

Im Prinzip war das ein gravierender Fortschritt, die Laufzeit von 1 Stunde 4 auf 11 min zu verbessern, aber ich wollte versuchen, den FTS auch zu beschleunigen.

Die zweite Verbesserung:

Den Zugriff auf die Tabelle TAI_PRODUKTIONSPLAN mit Index abzubilden, hätte bedeutet, drei Spalten in den Index aufzunehmen.

Dieser Index wäre zu groß geworden, und da es sich nicht um hochfrequente SQL-Abfragen aus einer Applikation handelte, sondern um eine Art adhoc Reports, entschied ich mich für die Parallelisierung des FTS mittels Hint PARALLEL(TP 8) (Abb. 7.5).

Der Kollege war sehr erstaunt, als er mit der Erwartung von einer Stunde Laufzeit das Ergebnis nach ca. 1 min angezeigt bekam.

Id	Operation	Name	A-Rows	A-Time	Buffers	Reads
0	SELECT STATEMENT		21916	00:11:33.09	2218K	2218K
1	SORT GROUP BY		21916	00:11:33.09	2218K	2218K
* 2	FILTER		3955K	00:11:20.52	2218K	2218K
* 3	HASH JOIN		3955K	00:11:19.29	2218K	2218K
* 4	INDEX RANGE SCAN	IDX_TAI_LETZTEAUSF_KENN2	3955K	00:00:10.04	32165	32448
5	TABLE ACCESS FULL	TAI_PRODUKTIONSPLAN	160M	00:08:55.33	2185K	2185K

```
Predicate Information (identified by operation id):
---------------------------------------------------
   2 - filter(SYS_EXTRACT_UTC(TIMESTAMP' 2014-11-02
23:59:59.000000000')>SYS_EXTRACT_UTC(TIMESTAMP' 2014-10-27 00:00:00.000000000'))
   3 - access("T"."KENNUNG"="TP"."TAI_KENNUNG")
   4 - access("T"."SYS_NC00037$">SYS_EXTRACT_UTC(TIMESTAMP' 2014-10-27 00:00:00.000000000') AND
"T"."SYS_NC00037$"<=SYS_EXTRACT_UTC(TIMESTAMP' 2014-11-02 23:59:59.000000000'))

Column Projection Information (identified by operation id):
-----------------------------------------------------------
   1 - (#keys=3) "TP"."PRODUKTIONSPLAN_TYPNAME"[VARCHAR2,200], "TP"."TAI_TYPNAME"[VARCHAR2,200],
"T"."SYS_NC00040$"[VARCHAR2,13], COUNT(*)[22]
   2 - "T"."SYS_NC00040$"[VARCHAR2,13], "TP"."PRODUKTIONSPLAN_TYPNAME"[VARCHAR2,200],
"TP"."TAI_TYPNAME"[VARCHAR2,200]
   3 - (#keys=1) "T"."SYS_NC00040$"[VARCHAR2,13], "TP"."PRODUKTIONSPLAN_TYPNAME"[VARCHAR2,200],
"TP"."TAI_TYPNAME"[VARCHAR2,200]
   4 - "T"."KENNUNG"[NUMBER,22], "T"."SYS_NC00040$"[VARCHAR2,13]
   5 - "TP"."TAI_KENNUNG"[NUMBER,22], "TP"."TAI_TYPNAME"[VARCHAR2,200],
"TP"."PRODUKTIONSPLAN_TYPNAME"[VARCHAR2,200]
```

Abb. 7.4 Praktisches Beispiel: Die erste Verbesserung

Id	Operation	Name	A-Rows	A-Time
0	SELECT STATEMENT		15337	00:01:16.53
* 1	PX COORDINATOR		15337	00:01:16.53
2	PX SEND QC (ORDER)	:TQ10003	0	00:00:00.01
3	SORT ORDER BY		14525	00:00:00.09
4	PX RECEIVE		13503	00:00:00.06
5	PX SEND RANGE	:TQ10002	0	00:00:00.01
6	SORT GROUP BY		15337	00:00:00.21
7	PX RECEIVE		57299	00:00:00.06
8	PX SEND HASH	:TQ10001	0	00:00:00.01
9	HASH GROUP BY		42271	00:10:04.35
* 10	FILTER		2888K	00:10:00.34
* 11	HASH JOIN		2888K	00:09:59.18
12	BUFFER SORT		25M	00:05:43.39
13	PX RECEIVE		22M	00:04:06.98
14	PX SEND BROADCAST	:TQ10000	0	00:00:00.01
* 15	INDEX RANGE SCAN	IDX_TAI_LETZTEAUSF_KENN2	3224K	00:00:32.82
16	PX BLOCK ITERATOR		13M	00:03:05.19
* 17	TABLE ACCESS FULL	TAI_PRODUKTIONSPLAN	10M	00:03:27.23

Abb. 7.5 Praktisches Beispiel: Die zweite Verbesserung

7.2 Victors Erfahrungen

Ich war schon lange beim Oracle-Datenbankbetrieb eines Großunternehmens tätig, als Leonid Anfang 2013 bei uns einen Vortrag über das formale SQL-Tuning hielt. Da mein Schwerpunkt ausgerechnet im Bereich der Optimierung und Störungsbehebung lag, war ich sofort hellhörig. Nicht von ungefähr wusste ich, wie aufwändig die Optimierung nach dem „trial & error"-Verfahren ist. Oft investierte ich erfolglos viele Stunden in die Optimierung der komplexen Abfragen, weil meine Annahmen falsch waren. Sogar in den verhältnismäßig einfachen Ausführungsplänen war mir nicht immer klar, ob ein Indexzugriff an der Stelle wirklich gut war. Erst nach einer detaillierten aufwändigen Datenverteilungsanalyse konnte ich die Ausführung verbessern. Die vorgetragene Methode versprach viel Zeitersparnis, und ich war begeistert davon. Für die Verwendung dieser Methode habe ich einige Hilfeprogramme entwickelt, die ich immer beim SQL-Tuning einsetze.

Wenn eine akute Datenbankstörung zu bekämpfen ist oder ein wiederkehrendes oder ständiges Performanzproblem auftritt, kommt früher oder später die formale SQL-Auswertung zum Einsatz. Erstaunlich, wie sich die Arbeitszeit dadurch verkürzt! Mal werden optimale Pläne für problematische Abfragen gefunden, mal können die Indexstrukturen optimiert werden. Wenn keine Verbesserung ohne Änderung der jeweiligen SQL-Anweisung möglich ist, werden konkrete Optimierungsempfehlungen für die Entwicklung erarbeitet. Manchmal kann man feststellen, dass das Problem weder über die SQL-Optimierung noch über die Umgestaltung der Anwendung zu beheben ist (Designfehler des Datenmodells). Dank der formalen Methode erfolgt die Analyse in kürzester Zeit.

Ungünstige Pläne entstehen schlagartig und haben unterschiedliche Ursachen, wie z. B. massive Datenänderungen, Datenwachstum, Einführung neuer Software, nicht aktuelle oder fehlende Optimizer-Statistiken etc. Bei den stark schwankenden Datenbeständen generiert der Optimizer viele unterschiedliche Pläne für dieselbe SQL-Anweisung. Darum prüfe ich immer zunächst, ob ein anderer, besserer Ausführungsplan für die problematische SQL-Anweisung im AWR zu finden ist. Wenn ja, kann der bessere Plan aktiviert werden. Oft wird nach diesem Schritt die Optimierung beendet.

Wenn kein passender Plan in AWR zu finden ist, bereite ich Test-Ausführungen der SQL-Anweisung zwecks SQL-Tunings vor. Mit meinen Hilfeprogrammen ermittele ich dafür den SQL-Text in der Datenbank und erstelle eine Zusammenfassung der dort beteiligten Segmente und Indexstrukturen (das kann bei der Analyse behilflich sein). Falls notwendig, korrigiere ich den SQL-Text, damit meine Tests keine Datenbankobjekte anlegen, löschen oder ihre Daten ändern bzw. sperren: Ich extrahiere dafür die jeweiligen Selects aus den DDL- und aus den DML-Kommandos und entferne die eventuell vorhandenen „FOR UPDATE"- Klauseln aus den Kommandos „select for update". Es lohnt sich, den SQL-Text zu formatieren (dafür gibt es viele kostenlose Werkzeuge).

Danach überprüfe ich die für den Optimizer relevanten (in erster Linie nicht dokumentierten) Parametereinstellungen. Ein unzutreffend gesetzter Parameter dieser Sorte kann den Optimizer bei der Suche nach einem optimalen Plan behindern. Beim Testen setze ich einige dieser Parameter auf ihren Vorgabewert zurück und überprüfe den Ausführungsplan. Nicht selten endet die Optimierung erfolgreich nach diesem Schritt.

In meiner Praxis setze ich den SQL-Tuning-Advisor (SQLT-Advisor) von Oracle ein. Wenn der SQLT-Advisor einen alternativen Plan findet, ist das ein guter Grund, diesen Plan zu testen. Ich rate aber ab, einen automatisch generierten Plan ohne Test zu aktivieren. Auch wenn der SQLT-Advisor eine gravierende Verbesserung verspricht, kommt das nicht immer zustande. Leistet der SQLT-Advisor einen guten Job, der mir die Arbeit abnimmt, freue ich mich darüber.

Falls es zum manuellen SQL-Tuning kommt, richte ich mich nach dem formalen Verfahren, das in diesem Buch beschrieben ist. Ich finde dieses Verfahren sehr effektiv und hoffe, dass es auch unseren Lesern hilft. Um die Reihenfolge der Zugriffe und Zugriffsmethoden zu ändern, verwende ich fast ausschließlich Hints aus Outlines als Vorlage. Im Vergleich zu den „klassischen" Hints scheinen sie am Anfang etwas gewöhnungsbedürftig zu sein. Sie verweisen auf Query-Blöcke direkt und können deswegen in jedem beliebigen Query-Block platziert werden (beispielsweise am Anfang der SQL-Anweisung). Die Notwendigkeit, die Hints über den SQL-Text zu verteilen, entfällt. Dies erleichtert die Anwendung der Hints. Bei Views in SQL-Anweisungen ist das übrigens die einzige Möglichkeit, an die jeweiligen Query-Blöcke ohne Änderung dieser Views zu kommen.

Meistens verwende ich versteckte Hints (hidden hints) beim SQL-Tuning, weil keine Änderung der SQL-Anweisung möglich ist. Dafür setze ich in der Regel die OSP-Methode ein (Outlines in SQL-Profiles), welche in [1] beschrieben ist.

Nachdem der neue Plan aktiviert ist, kontrolliere ich über eine längere Zeit seine Wirkung. Für den Fall, dass dieser Plan doch nicht so effektiv wie erwartet ist, halte ich einen „drop profile"-Befehl bereit. Das passiert hin und wieder, wenn einige nicht relevante Bind-Werte bei den Tests benutzt wurden, z. B. wenn sie auf die Daten von gestern (statt auf die aktuellen) verweisen. Man muss also bei den Bind-Werten beim Tuning aufpassen.

7.2.1   Das erste praktisches Beispiel

Ein kleines Beispiel des formalen SQL-Tunings: Eine SQL-Anweisung lief auf einigen Instanzen und verbrauchte einen Löwenanteil von CPU-Ressourcen, meistens ohne eine einzige Zeile zurückzuliefern. Das ist der formatierte SQL-Text dieser SQL-Anweisung:

```
SELECT    business_activity_id, type_rd, status_rd, NAME, priority_rd, root_business_activity_id
   FROM business_activity t
  WHERE workflow_template_id = '.bF6exCIlPAi079H'
    AND NAME = 'Deaktivieren'
    AND status_rd = 'InProg'
    AND external_system_indicator_rd = 'ERROR'
    AND service_order_stp_id IN (
         SELECT so.service_order_stp_id
           FROM service_order so
              , service_property sp
              , property_value pv
          WHERE so.service_order_stp_id = sp.service_order_stp_id
            AND sp.service_property_id = pv.service_property_id
            AND pv.value_string = 'ffmaems2')
ORDER BY business_activity_id
```

In Abb. 7.6 ist der problematische Ausführungsplan dargestellt.

Aus der Tabelle PROPERTY_VALUE werden 598K Einträge gelesen. Bei der Verknüpfung dieser Tabelle mit der Tabelle SERVICE_PROPERTY (Alias SP) entsteht keine Treffermenge. Dies spricht für die Änderung der Tabellenreihenfolge in dieser Verknüpfung. Die Tabelle SERVICE_PROPERTY hat einen Index SP_IDX1 für die Spalte SERVICE_ORDER_STP_ID, der bei dieser Änderung benutzt werden kann.

Table Name	Index Name	Column List
SERVICE_PROPERTY	SP_IDX1	SERVICE_ORDER_STP_ID
SERVICE_PROPERTY	SP_PK1	SERVICE_PROPERTY_ID, SERVICE_ORDER_STP_ID

Wenn wir die Reihenfolge mit dem Hint LEADING ändern (in diesem Fall benutzte ich ausnahmsweise keine Outlines), bekommen wir ein ganz anderes Ausführungsbild (Abb. 7.7).

Interessant an diesem Beispiel ist die Tatsache, dass die Tabelle SERVICE_ORDER nicht einmal im Plan auftritt. Das ermöglicht der Fremdschlüssel SERVICE_PROPERTY. SERVICE_ORDER_STP_ID -> SERVICE_ORDER.SERVICE_ORDER_STP_ID. Diese Optimierungsart heißt bei Oracle Join-Eliminierung (join elimination) und steht uns ab Version 10.2 zur Verfügung. Ein Hinweis darauf, dass Oracle diese Optimierung einsetzt, ist das Hint ELIMINATE_JOIN in den Outlines.

Id	Operation	Name	Starts	A-Rows	A-Time	Buffers
0	SELECT STATEMENT		1	0	00:44:14.49	3321K
1	SORT ORDER BY		1	0	00:44:14.49	3321K
2	NESTED LOOPS SEMI		1	0	00:44:14.49	3321K
* 3	TABLE ACCESS BY INDEX ROWID	BUSINESS_ACTIVITY	1	1	00:00:00.12	19
* 4	INDEX RANGE SCAN	BA_NAME_IND	1	15	00:00:00.04	4
5	VIEW PUSHED PREDICATE	VW_NSO_1	1	0	00:44:14.37	3321K
6	NESTED LOOPS		1	0	00:44:14.37	3321K
7	TABLE ACCESS BY INDEX ROWID	PROPERTY_VALUE	1	598K	00:17:18.26	547K
* 8	INDEX RANGE SCAN	PV_IND2	1	598K	00:00:02.45	4476
* 9	INDEX UNIQUE SCAN	SP_PK1	598K	0	01:38:30.37	2773K

```
Predicate Information (identified by operation id):
----------------------------------------------------

   3 - filter(("WORKFLOW_TEMPLATE_ID"='.bF6exCI1PAi079H' AND
"EXTERNAL_SYSTEM_INDICATOR_RD"='ERROR' AND "STATUS_RD"='InProg'))
   4 - access("NAME"='Deaktivieren')
   8 - access("PV"."VALUE_STRING"='ffmaems2')
   9 - access("SP"."SERVICE_PROPERTY_ID"="PV"."SERVICE_PROPERTY_ID" AND
"SP"."SERVICE_ORDER_STP_ID"="SERVICE_ORDER_STP_ID")
```

Abb. 7.6 Beispiel 1: Ein suboptimaler Ausführungsplan

```
SELECT   business_activity_id, type_rd, status_rd, NAME, priority_rd, root_business_activity_id
    FROM business_activity t
   WHERE workflow_template_id = '.bF6exCI1PAi079H'
     AND NAME = 'Deaktivieren'
     AND status_rd = 'InProg'
     AND external_system_indicator_rd = 'ERROR'
     AND service_order_stp_id IN (
   SELECT /*+ leading(sp) use_nl(sp pv) */
                 so.service_order_stp_id
            FROM service_order so
               , service_property sp
               , property_value pv
           WHERE so.service_order_stp_id = sp.service_order_stp_id
             AND sp.service_property_id = pv.service_property_id
             AND pv.value_string = 'ffmaems2')
ORDER BY business_activity_id
```

Id	Operation	Name	Starts	A-Rows	A-Time	Buffers
0	SELECT STATEMENT		1	0	00:00:00.68	393
1	SORT ORDER BY		1	0	00:00:00.68	393
2	NESTED LOOPS SEMI		1	0	00:00:00.68	393
* 3	TABLE ACCESS BY INDEX ROWID	BUSINESS_ACTIVITY	1	1	00:00:00.01	19
* 4	INDEX RANGE SCAN	BA_NAME_IND	1	15	00:00:00.01	4
5	VIEW PUSHED PREDICATE	VW_NSO_1	1	0	00:00:00.67	374
6	NESTED LOOPS		1	0	00:00:00.67	374
7	NESTED LOOPS		1	177	00:00:00.61	319
8	TABLE ACCESS BY INDEX ROWID	SERVICE_PROPERTY	1	100	00:00:00.06	12
* 9	INDEX RANGE SCAN	SP_IDX1	1	100	00:00:00.03	6
* 10	INDEX RANGE SCAN	PV_PK	100	177	00:00:00.56	307
* 11	TABLE ACCESS BY INDEX ROWID	PROPERTY_VALUE	177	0	00:00:00.06	55

```
Predicate Information (identified by operation id):
----------------------------------------------------

   3 - filter(("WORKFLOW_TEMPLATE_ID"='.bF6exCI1PAi079H' AND
"EXTERNAL_SYSTEM_INDICATOR_RD"='ERROR' AND "STATUS_RD"='InProg'))
   4 - access("NAME"='Deaktivieren')
   9 - access("SP"."SERVICE_ORDER_STP_ID"="SERVICE_ORDER_STP_ID")
  10 - access("SP"."SERVICE_PROPERTY_ID"="PV"."SERVICE_PROPERTY_ID")
  11 - filter("PV"."VALUE_STRING"='ffmaems2')
```

Abb. 7.7 Beispiel 1: Der Ausführungsplan nach der Optimierung

Der kleine Test-Case, der auf unserem praktischen Beispiel basiert, stellt dieses Verhalten nach.

```
create table parent (
    a number, b number,
    constraint parent_pk primary key (a));

create table child (
    a number, b number,
    constraint child_pk primary key (a),
    constraint child_fk foreign key (a) references parent (a));
```

Die Abfrage

```
select * from child where a in (select a from parent);
```

läuft mit dem folgenden Plan:

Id	Operation	Name	Rows	Bytes	Cost
0	SELECT STATEMENT				2
1	TABLE ACCESS FULL	CHILD	1	26	2

```
Outline Data
-------------
  /*+
    ...
    ELIMINATE_JOIN(@"SEL$5DA710D3" "PARENT"@"SEL$2")
    ...
  */
```

Wenn der Fremdschlüssel in einen nicht validierten Zustand kommt (beispielsweise nach einer Tabellenreorganisation), kann diese Optimierung nicht mehr von Oracle angewendet werden:

```
alter table child enable novalidate constraint child_fk;

select * from child where a in (select a from parent);
```

Id	Operation	Name	Rows	Bytes	Cost
0	SELECT STATEMENT				2
1	NESTED LOOPS		1	39	2
2	INDEX FULL SCAN	PARENT_PK	1	13	1
3	TABLE ACCESS BY INDEX ROWID	CHILD	1	26	1
* 4	INDEX UNIQUE SCAN	CHILD_PK	1		1

7.2.2 Das zweite praktisches Bespiel

In diesem Abschnitt möchte ich noch ein interessantes Beispiel präsentieren. Ich wäre Peter Schmidt sehr dankbar, wenn er mir dabei helfen würde.

```
Plan hash value: 931175730
```

Id	Operation	Name	Starts	E-Rows	A-Rows	A-Time
0	SELECT STATEMENT		1		55	00:01:50.54
* 1	HASH JOIN RIGHT SEMI		1	1	55	00:01:50.54
2	VIEW	VW_NSO_1	1	102	102	00:00:11.57
3	HASH GROUP BY		1	102	102	00:00:11.57
4	INDEX FAST FULL SCAN	SENSORDATA_IDX	1	8300K	8421K	00:00:03.99
5	NESTED LOOPS		1	70553	8016K	00:01:33.21
6	NESTED LOOPS		1	1	55	00:00:00.01
7	NESTED LOOPS		1	1	55	00:00:00.01
8	MERGE JOIN		1	1	55	00:00:00.01
* 9	TABLE ACCESS BY INDEX ROWID	HIERARCHY	1	1	7	00:00:00.01
10	INDEX FULL SCAN	HIERARCHY_PK	1	120	120	00:00:00.01
* 11	SORT JOIN		7	120	55	00:00:00.01
12	TABLE ACCESS FULL	HIERARCHY	1	120	120	00:00:00.01
13	TABLE ACCESS BY INDEX ROWID	SENSOR	55	1	55	00:00:00.01
* 14	INDEX UNIQUE SCAN	SENSOR_PK	55	1	55	00:00:00.01
15	TABLE ACCESS BY INDEX ROWID	ITEM	55	1	55	00:00:00.01
* 16	INDEX UNIQUE SCAN	ITEM_PK	55	1	55	00:00:00.01
* 17	INDEX FAST FULL SCAN	SENSORDATA_IDX	55	69170	8016K	00:01:30.29

```
Outline Data
-------------

   /*+
       …
       LEADING(@"SEL$CC7EC59E" "HIERARCHY"@"SEL$3" "HIERARCHY"@"SEL$1" "SENSOR"@"SEL$1"
"ITEM"@"SEL$1" "SENSORDATA"@"SEL$1" "VW_NSO_1"@"SEL$CC7EC59E")
       …
   */

Predicate Information (identified by operation id):
---------------------------------------------------

   1 - access("SENSORDATA"."ID"="MAX(SENSORDATA.ID)")
   9 - filter("HIERARCHY"."PARENT"=52)
  11 - access("HIERARCHY"."PARENT"="HIERARCHY"."ID")
       filter("HIERARCHY"."PARENT"="HIERARCHY"."ID")
  14 - access("HIERARCHY"."ID"="SENSOR"."ID")
  16 - access("HIERARCHY"."ID"="ITEM"."ID")
  17 - filter("HIERARCHY"."ID"="SENSORDATA"."SENSORID")
```

Abb. 7.8 Beispiel 2: Der problematische Ausführungsplan

- Peter: „Selbstverständlich helfe ich dir. Ich nutze jetzt jede Gelegenheit für SQL-Tuning."
- Victor: „In Abb 7.8 ist ein Ausführungsplan dargestellt. Dieser Plan hat auf einem System ein gravierendes Performanz-Problem verursacht. Wie würdest du diesen Plan verbessern, Peter?"

P.: „Sowohl die größte Kardinalität von 8016K als auch die größte Laufzeit von eineinhalb Minuten entstehen in Schritt 17. Nach der Verknüpfung mit der View VW_NSO_1 sinkt die Kardinalität auf 55. Ich würde die Tabellenreihenfolge im Join so ändern, dass die Tabelle SENSORDATA nach der View VW_NSO_1 folgt. Aber … "

V.: „Was denn?"

P.: „Ich merke gerade, dass das nicht möglich ist, weil diese View und die Tabelle SENSORDATA in einem Right Outer Join miteinander verknüpft sind."

V.: „Du bist in dieselbe Falle hineingestolpert wie ich. Wo siehst du denn einen Outer Join?"

Plan hash value: 1387967720

Id	Operation	Name	Starts	E-Rows	A-Rows	A-Time
0	SELECT STATEMENT		1		55	00:00:05.19
* 1	HASH JOIN		1	33	55	00:00:05.19
* 2	HASH JOIN		1	33	55	00:00:05.19
* 3	HASH JOIN		1	39	55	00:00:05.19
* 4	HASH JOIN		1	102	102	00:00:05.18
5	NESTED LOOPS		1	102	102	00:00:05.18
6	VIEW	VW_NSO_1	1	102	102	00:00:05.18
7	HASH UNIQUE		1	102	102	00:00:05.18
8	HASH GROUP BY		1	102	102	00:00:05.17
9	INDEX FAST FULL SCAN	SENSORDATA IDX	1	7718K	7744K	00:00:01.93
* 10	INDEX RANGE SCAN	SENSORDATA IDX	102	1	102	00:00:00.01
11	TABLE ACCESS FULL	HIERARCHY	1	120	120	00:00:00.01
* 12	TABLE ACCESS FULL	HIERARCHY	1	7	7	00:00:00.01
13	TABLE ACCESS FULL	SENSOR	1	102	102	00:00:00.01
14	TABLE ACCESS FULL	ITEM	1	120	120	00:00:00.01

Abb. 7.9 Beispiel 2: Der Ausführungsplan nach Generierung der Histogramme für die Spalte PARENT

P.: „In Schritt 1."

V.: „Das ist aber kein Right Outer Join, sondern ein Hash Join Right Semi! Das Wort „Semi" sagt uns, dass das ein Join mit einer Subquery als Inline-View ist. Das Wort „Right" deutet darauf hin, dass diese Inline-View die Rolle der Build-Tabelle im Hash Join spielt. Da das kein Outer Join ist, habe ich das Hint LEADING(@„SEL$CC7EC59E" „VW_NSO_1"@„SEL$CC7EC59E" „SENSORDATA"@„SEL$1") eingesetzt und die Laufzeit von ca. 5 s bekommen. Da keine Änderung der SQL-Anweisung möglich war …"

P.: „Hast du wahrscheinlich die OSP-Methode angewendet, also ein SQL-Profile angelegt?"

V.: „Ja und wurde sofort gefragt, ob es eine andere Lösung ohne versteckte Hints gäbe."

P.: „Warum?"

V.: „SQL-Profiles (wie auch SQL-Plan-Baselines) muss man pflegen. Wenn die Datenbank auf einen anderen Rechner transferiert wird, darf man beispielsweise nicht vergessen, alle angelegten SQL-Profiles mitzunehmen. Obwohl ich persönlich solch einen Aufwand für gering halte, habe ich probiert, eine andere Lösung zu finden."

P.: „Welche denn?"

V.: „Ich habe bemerkt, dass der Optimizer die Kardinalität beim Zugriff auf die Tabelle HIERARHY in Schritt 9 nicht richtig schätzt. Er geht davon aus, dass diese Kardinalität gleich 1 ist. In der Tat war sie gleich 7. Da das Prädikat „HIERARCHY". „PARENT"=52 beim Zugriff auf die Tabelle HIERARCHY benutzt wurde, habe ich überprüft, ob die Spalte PARENT Histogramme hatte. Dies habe ich in der View DBA_ TAB_COL_STATISTICS ermittelt."

P.: „Du hast vermutlich keine Histogramme festgestellt."

V.: „Ganz genau. Nach dem Erstellen der Histogramme für die Spalte PARENT hat sich der Ausführungsplan sofort verbessert (s. Abb. 7.9). Der Optimizer hat denselben Plan ausgewählt, welchen ich mit dem Hint LEADING erzwungen habe."

P.: „In diesem Fall war das Erstellen der Histogramme eine gute Alternative zur formalen Methode. Ist es immer so? Kann man immer neue bzw. zusätzliche Optimizer-Statistiken generieren, statt das formale SQL-Tuning anzuwenden?"

V.: „In einigen Situationen ist das möglich, aber bestimmt nicht in allen. Wenn der Optimizer beispielsweise schlecht die Kardinalität eines Join mit einer Schiefverteilung der Daten schätzt, nützen ihm in der Regel keine Statistiken."

Nachwort

Das Buch ist beendet. Uns würde es sehr freuen, wenn Sie das formale SQL-Tuning in Ihr Arsenal übernehmen und in der alltäglichen Praxis verwenden. Tun Sie das, und Sie werden staunen, wie einfach und effektiv diese Methode ist. Mit dieser Abbildung verabschieden wir uns von Ihnen (Abb. 8.1).

Im Anhang beschreiben wir an einem Beispiel, wie man das formale Prinzip bei der Analyse der Performanz-Probleme nach einer Oracle-Migration anwenden kann. Solche Probleme sind wesentlich komplizierter als das SQL-Tuning einzelner SQL-Anweisungen, weil davon in der Regel mehrere SQL-Anweisungen betroffen sind. Bei der Analyse dieser Probleme muss man feststellen, was die Performanz-Verschlechterung verursacht hat (beispielsweise neue Optimizer-Features). Das formale Prinzip kann dabei sehr hilfreich sein. Wenn Sie einen tieferen Blick in die formale Methode werfen möchten, ist dieses Material für Sie.

Bevor Sie das Buch zuschlagen und beiseite legen, möchten wir die letzte Gelegenheit nutzen, noch nicht geklärte Fragen zum Schluss zu klären. Möglicherweise kann Peter hier wieder behilflich sein. Er hat immer viele Fragen und stellt sie hemmungslos, solange er keine klaren Antworten bekommt. Wir hoffen, dass seine Fragen auch für Sie von Interesse sein können.

Peter: „Ich muss gestehen, ich möchte tatsächlich etwas fragen. Meine Fragen beziehen sich nicht auf die formale Methode selbst, die ich (worauf ich sehr hoffe) verstanden habe, sondern eher um diese Methode herum. Zunächst möchte ich fragen, was das formale SQL-Tuning eigentlich genau ist: Ist es überhaupt eine Methode oder sind es einfach einige empirische Regeln, die man beim Tuning anwenden kann?"

Autor: „Wenn wir eine Methode als ein systematisches Verfahren zum Erreichen eines Zieles definieren, ist das formale SQL-Tuning eine Methode. In diesem Buch haben wir gerade versucht, das formale SQL-Tuning zu systematisieren. Das Ziel ist auch klar. Wo siehst du ein Problem?"

© Springer-Verlag Berlin Heidelberg 2016
L. Nossov et al., *Formales SQL-Tuning für Oracle-Datenbanken*, Xpert.press,
DOI 10.1007/978-3-662-45292-9_8

Abb. 8.1 Das formale Tuning
übertrifft Ihre Erwartungen

P.: „Das formale SQL-Tuning deckt doch nicht alle Fälle ab, die beim Tuning auftreten
können."

A.: „Das stimmt. Die meisten praktischen Fälle der akuten Performanz-Probleme sind
aber berücksichtigt. Bei Bedarf kann man diese Methode nach demselben Prinzip weiterentwickeln."

P.: „Kann man dieses Verfahren algorithmisieren und programmieren?"

A.: „Man kann theoretisch einen Algorithmus für die formale Methode erstellen. Programmieren würde ich dieses Verfahren aber nicht."

P.: „Warum?"

A: „Ein paar Gründe kann ich dir nennen. Die Analyse der Prädikate spielt in diesem Verfahren eine ganz wichtige Rolle. Leider generiert Oracle Prädikate im Ausführungsplan
nicht immer richtig. In den meisten Fällen kann man die richtigen Prädikate dem jeweiligen Explain Plan entnehmen. Dies verkompliziert aber das Programm. Eine Analyse
der Prädikate ist generell kompliziert. In [4] findet man Skripte, in denen Prädikate
extrahiert und analysiert werden. Leider funktioniert das nicht immer, weil einige Fälle
nicht berücksichtigt wurden."

P.: „Verstehe. Das jeweilige Programm muss sehr kompliziert sein. Gibt es weitere Gründe?"

A.: „Das formale SQL-Tuning ist eine ziemlich einfache Methode, welche sogar die Anfänger problemlos beherrschen können. Ich glaube nicht, dass ein Programm tatsächlich notwendig ist."

P.: „Gibt es Fälle, bei denen die formale Methode versagt?"

A.: „Peter, jede Methode hat ihre Grenzen. Ich muss aber sagen, dass das formale SQL-
Tuning sehr zuverlässig ist. Zumindest für die in diesem Buch beschriebenen Problemklassen."

P.: „Mich interessieren besonders Probleme mit einer ungünstigen Tabellenreihenfolge im Join. Kann es passieren, dass keine Änderung dieser Tabellenreihenfolge nach den beschriebenen Regeln eine spürbare Performanzverbesserung bringt?"

A.: „Es gibt Fälle, bei denen generell keine Verbesserung durch eine Änderung der Tabellenreihenfolge im Join möglich ist. Normalerweise liegt das am Datenmodell, das für die jeweilige Abfrage ungünstig ist."

P.: „Möchtest du damit sagen, dass das formale SQL-Tuning überhaupt keine Nachteile hat?"

A.: „Auf keinen Fall. Das formale SQL-Tuning berücksichtigt beispielsweise keine Transformationen und Optimierungen von Oracle, weil es sehr problematisch ist, sie auf eine einfache Art und Weise zu formalisieren und in die formale Methode zu übernehmen. Ein erfahrener Spezialist kann eventuell solche Oracle-Features beim Tuning berücksichtigen. Einem Unerfahrenen wird das in der Regel nicht gelingen. Ich muss aber sagen, dass Transformationen und Optimierungen selten eine entscheidende Rolle beim SQL-Tuning spielen (wie z. B. im Fall aus dem Anhang). Aus diesem Grund, ist das in meinen Augen kein großer Nachteil."

P.: „Ich habe keine weiteren Fragen. Vielen Dank."

A.: „Dann wünsche ich dir viel Erfolg bei der Anwendung der formalen Methode."

Anhang

9

Anwendung des formalen Prinzips bei der Analyse der Performanz-Probleme nach einer Oracle-Migration

Die in diesem Buch beschriebene Methode hilft in den meisten Fällen, denen ein Datenbankspezialist in seiner alltäglichen Praxis begegnet. Zugleich ist diese Methode ziemlich einfach. Mit dieser Methode haben wir versucht, einen Kompromiss zwischen Eingängigkeit und Nützlichkeit zu erreichen. Ob uns das gelungen ist, können Sie, unsere Leser, beurteilen.

Wir möchten hier an einem Beispiel zeigen, wie man das formale Prinzip bei der Analyse der Performanz-Probleme nach einer Oracle-Migration gebrauchen kann.

Peter: „Sage mal, warum beschreibt ihr das im Anhang und nicht in einem Kapitel?"

Autor: „Das ist ein Spezialfall, da man relativ selten mit solchen Problemen zu tun hat (eine Oracle-Migration führt man doch nicht jeden Tag durch!). Wir bleiben auf der praktischen Schiene und platzieren deswegen dieses Beispiel im Anhang."

P.: „Warum findest du dieses Beispiel so interessant?"

A.: „Dieses Beispiel demonstriert erstens, dass die beschriebene formale Methode eingeschränkt ist, und zweitens zeigt es, wie man nach demselben Prinzip ziemlich komplexe Probleme analysieren kann. Wollen wir nicht zur Sache kommen?"

P.: „Das können wir jetzt tun. Hoffentlich kann ich dir folgen."

A.: „Nach einer Oracle-Migration von 10.2.0.5 auf 11.2.0.4 sind mehrere SQL-Anweisungen inperformant geworden. Sie waren ähnlich aufgebaut. Es folgt ein Beispiel:

© Springer-Verlag Berlin Heidelberg 2016
L. Nossov et al., *Formales SQL-Tuning für Oracle-Datenbanken,* Xpert.press,
DOI 10.1007/978-3-662-45292-9_9

```
SELECT *
    FROM    SERVICE_AGREEMENT SA,SOC ,PROMOTION_TERMS PRMT
    WHERE   SA.BAN = 116
    AND     SA.SUBSCRIBER_NO = 'XXXXXXXXXXXX'
    AND     SA.EXPIRATION_DATE <= TO_DATE('20150102', 'YYYYMMDD')
    AND     SA.SOC_SEQ_NO = (SELECT --+ index(SA2 SERVICE_AGREEMENT_PK)
                MAX(SA2.SOC_SEQ_NO)
                FROM    SERVICE_AGREEMENT SA2
                WHERE   SA2.BAN = SA.BAN
                AND     SA2.SUBSCRIBER_NO = SA.SUBSCRIBER_NO
                AND     SA2.SOC = SA.SOC
                AND     SA2.EXPIRATION_DATE = SA.EXPIRATION_DATE)
    AND     SA.SOC = SOC.SOC
    AND     SA.TARIFF_OPTION IN ('VF_FUN_10', '000000000')
    AND     DECODE(RTRIM(SOC.TARGET_TARIFF),
            RTRIM('VF_FUN_10'), 0,
            RTRIM('VF_FUN'), 1,
            'ALLTO', 2) = (SELECT --+ index(S SOC_PK)
                    MIN(DECODE(RTRIM(S.TARGET_TARIFF),
                            RTRIM('VF_FUN_10'), 0,
                            RTRIM('VF_FUN'), 1,
                            'ALLTO', 2))

                FROM SOC S
                WHERE S.SOC = SOC.SOC
                AND '20150102' >= TO_CHAR(S.EFFECTIVE_DATE, 'YYYYMMDD')
                AND TO_DATE('20150102', 'YYYYMMDD') < NVL(S.EXPIRATION_DATE,
TO_DATE('47001231', 'YYYYMMDD')))
    AND '20150102' >= TO_CHAR(SOC.EFFECTIVE_DATE, 'YYYYMMDD')
    AND TO_DATE('20150102', 'YYYYMMDD') < NVL(SOC.EXPIRATION_DATE, TO_DATE('47001231',
'YYYYMMDD'))
    AND PRMT.SOC(+) = SOC.SOC
    AND PRMT.SOC(+) = SOC.SOC
    AND PRMT.TARGET_TARIFF(+) = SOC.TARGET_TARIFF
    AND PRMT.EFFECTIVE_DATE(+) = SOC.EFFECTIVE_DATE
    ORDER BY DECODE(SA.SERVICE_TYPE,
            'P', 1,
            'M', 2, 3),
        SA.EFFECTIVE_DATE;
```

Der jeweilige Ausführungsplan sah folgendermaßen aus (Abb. 9.1).

Peter, siehst du irgendwelche Besonderheiten in diesem Ausführungsplan?"

P.: „Ich vermute, dass Oracle die beiden Subqueries in Inline-Views verwandelt und mit der Hauptabfrage in einem Join verknüpft hat."

A.: „Absolut richtig, Peter. Für diese Views hat Oracle zwei Namen generiert: VW_SQ_1 und VW_SQ_2. Die Abkürzung ‚SQ' bedeutet Subquery. Merke dir, dass Oracle die Operation ‚VIEW PUSHED PREDICATE' für diese beiden Views verwendet. Dies bedeutet, dass die Join-Prädikate in die Inline-View geschoben werden (predicate push down). In unserem Fall passiert das auf eine natürliche Art und Weise, weil die Prädikate bereits in den Subqueries enthalten sind. Der View VW_SQ_2 entspricht der 2. Subquery. Das Join-Prädikat, welches in diese View geschoben wird, ist "S"."SOC"="SOC"."SOC". Dieses Prädikat finden wir im Abschnitt ‚Predicate Information':

```
17 - access("S"."SOC"="SOC"."SOC")
filter(TO_CHAR(INTERNAL_FUNCTION("S"."EFFECTIVE_DATE"),'YYYYMMDD')<='20150102')
```

Id	Operation	Name	Starts	E-Rows	A-Rows	A-Time
0	SELECT STATEMENT		1		23	00:00:06.99
1	SORT ORDER BY		1	1	23	00:00:06.99
2	NESTED LOOPS		1	1	23	00:00:06.99
3	NESTED LOOPS		1	1	23	00:00:06.99
4	NESTED LOOPS OUTER		1	1	1980	00:00:00.04
5	NESTED LOOPS		1	1	1980	00:00:00.03
6	PARTITION RANGE SINGLE		1	1	23	00:00:00.01
* 7	TABLE ACCESS BY LOCAL INDEX ROWID	SERVICE_AGREEMENT	1	1	23	00:00:00.01
* 8	INDEX RANGE SCAN	SERVICE_AGREEMENT_3IX	1	1	36	00:00:00.01
* 9	MAT_VIEW ACCESS BY INDEX ROWID	SOC	23	1	1980	00:00:00.03
* 10	INDEX RANGE SCAN	SOC_99IX	23	18	9811	00:00:00.01
11	MAT_VIEW ACCESS BY INDEX ROWID	PROMOTION_TERMS	1980	1	0	00:00:00.01
* 12	INDEX UNIQUE SCAN	PROMOTION_TERMS_PK	1980	1	0	00:00:00.01
* 13	VIEW PUSHED PREDICATE	VW_SQ_2	1980	1	23	00:00:06.95
* 14	FILTER		1980		1980	00:00:06.94
15	SORT AGGREGATE		1980	1	1980	00:00:06.94
* 16	MAT_VIEW ACCESS BY INDEX ROWID	SOC	1980	1	370K	00:00:06.76
* 17	INDEX RANGE SCAN	SOC_PK	1980	1	1861K	00:00:02.74
* 18	VIEW PUSHED PREDICATE	VW_SQ_1	23	1	23	00:00:00.01
* 19	FILTER		23		23	00:00:00.01
20	SORT AGGREGATE		23	1	23	00:00:00.01
* 21	FILTER		23		23	00:00:00.01
22	PARTITION RANGE SINGLE		23	1	23	00:00:00.01
* 23	TABLE ACCESS BY LOCAL INDEX ROWID	SERVICE_AGREEMENT	23	1	23	00:00:00.01
* 24	INDEX RANGE SCAN	SERVICE_AGREEMENT_PK	23	1	36	00:00:00.01

Abb. 9.1 Der suboptimale Ausführungsplan nach der Oracle-Migration

Zugleich haben wir dieses Prädikat in der 2. Subquery."

P.: „Der problematische Schritt im oberen Ausführungsplan ist der Schritt 17, in dem 1861 K Datensätze ermittelt wurden. Der Optimizer hat die Kardinalität für diesen Schritt als 1 eingeschätzt, in der Tat lag sie aber bei ca. 1000 (1861 K/1980). Ich hätte die Optimizer-Statistiken der Tabelle SOC überprüft."

A.: „Warte, Peter. Ich glaube nicht, dass diese Maßnahme die Laufzeit auf 0,07 s (so war es in 10.2.0.5) reduziert hätte. Außerdem waren alle Optimizer-Statistiken auf dieser Datenbank gelockt. Keine Problemlösung mit Statistikänderung kam also in Frage. Das eigentliche Problem bestand darin, dass mehrere SQL-Anweisungen nach der Migration inperformant geworden sind. Man musste die Ursache dessen klären."

P.: „Dann hätte ich das mit der Parametereinstellung optimizer_features_enable='10.2.0.5' ausprobiert."

A.: „Diese Parametereinstellung hat die Performanz auf den Stand von 10.2.0.5 gebracht. Wie übrigens die Parametereinstellung "_optimizer_push_pred_cost_based"=false auch. Diese Parametereinstellungen hätte man aber lediglich als temporäre Lösung einsetzen können, weil die erste zu hart ist (bedeutet einen Verzicht auf Optimizer-Features von Oracle 11) und die zweite einige andere Ausführungspläne negativ beeinflussen kann. Aus diesem Grund habe ich nach einem Ausführungsplan von 10.2.0.5 gefragt. Dieser Plan sah so aus (Abb. 9.2).

Peter, siehst du Unterschiede zwischen den beiden Plänen?"

P.: „Im zweiten Plan werden Subqueries als Subqueries bearbeitet. Ich verstehe aber nicht, warum die erste Subquery lediglich 23-mal ausgeführt wurde, zumindest laut

Id	Operation	Name	Starts	E-Rows	A-Rows	A-Time
0	SELECT STATEMENT		1		23	00:00:00.07
1	SORT ORDER BY		1	1	23	00:00:00.07
* 2	FILTER		1		23	00:00:00.07
3	NESTED LOOPS OUTER		1	1	1980	00:00:00.04
4	NESTED LOOPS		1	1	1980	00:00:00.03
5	PARTITION RANGE SINGLE		1	1	23	00:00:00.01
* 6	TABLE ACCESS BY LOCAL INDEX ROWID	SERVICE_AGREEMENT	1	1	23	00:00:00.01
* 7	INDEX RANGE SCAN	SERVICE_AGREEMENT_3IX	1	1	36	00:00:00.01
* 8	MAT_VIEW ACCESS BY INDEX ROWID	SOC	23	1	1980	00:00:00.03
* 9	INDEX RANGE SCAN	SOC_99IX	23	18	9811	00:00:00.01
10	MAT_VIEW ACCESS BY INDEX ROWID	PROMOTION_TERMS	1980	1	0	00:00:00.01
* 11	INDEX UNIQUE SCAN	PROMOTION_TERMS_PK	1980	1	0	00:00:00.01
12	SORT AGGREGATE		23	1	23	00:00:00.01
13	PARTITION RANGE SINGLE		23	1	23	00:00:00.01
* 14	TABLE ACCESS BY LOCAL INDEX ROWID	SERVICE_AGREEMENT	23	1	23	00:00:00.01
* 15	INDEX RANGE SCAN	SERVICE_AGREEMENT_PK	23	1	36	00:00:00.01
16	SORT AGGREGATE		18	1	18	00:00:00.03
* 17	MAT_VIEW ACCESS BY INDEX ROWID	SOC	18	1	1398	00:00:00.03
* 18	INDEX RANGE SCAN	SOC_PK	18	1	7281	00:00:00.01

```
Predicate Information (identified by operation id):
---------------------------------------------------

   2 - filter(("SA"."SOC_SEQ_NO"= AND
DECODE(RTRIM("SOC"."TARGET_TARIFF"),'VF_FUN_10',0,'VF_FUN',1,'ALLTO',2)=))
   6 - filter(("SA"."EXPIRATION_DATE"<=TO_DATE(' 2015-01-02 00:00:00', 'syyyy-mm-dd hh24:mi:ss')
AND INTERNAL_FUNCTION("SA"."TARIFF_OPTION")))
   7 - access("SA"."SUBSCRIBER_NO"='XXXXXXXXXXXX' AND "SA"."BAN"=116)
   8 - filter((TO_CHAR(INTERNAL_FUNCTION("SOC"."EFFECTIVE_DATE"),'YYYYMMDD')<='20150102' AND
NVL("SOC"."EXPIRATION_DATE",TO_DATE(' 4700-12-31 00:00:00', 'syyyy-mm-dd
          hh24:mi:ss'))>TO_DATE(' 2015-01-02 00:00:00', 'syyyy-mm-dd hh24:mi:ss')))
   9 - access("SA"."SOC"="SOC"."SOC")
  11 - access("PRMT"."SOC"="SOC"."SOC" AND "PRMT"."TARGET_TARIFF"="SOC"."TARGET_TARIFF" AND
"PRMT"."EFFECTIVE_DATE"="SOC"."EFFECTIVE_DATE")
       filter("PRMT"."SOC"="SOC"."SOC")
  14 - filter("SA2"."EXPIRATION_DATE"=:B1)
  15 - access("SA2"."BAN"=:B1 AND "SA2"."SUBSCRIBER_NO"=:B2 AND "SA2"."SOC"=:B3)
  17 - filter(NVL("S"."EXPIRATION_DATE",TO_DATE(' 4700-12-31 00:00:00', 'syyyy-mm-dd
hh24:mi:ss'))>TO_DATE(' 2015-01-02 00:00:00', 'syyyy-mm-dd hh24:mi:ss'))
  18 - access("S"."SOC"=:B1)
       filter(TO_CHAR(INTERNAL_FUNCTION("S"."EFFECTIVE_DATE"),'YYYYMMDD')<='20150102')
```

Abb. 9.2 Der Ausführungsplan vor der Oracle-Migration

dem Ausführungsplanschritt 12. Sie sollte so oft ausgeführt werden, wie Datensätze in Schritt 3 ermittelt wurden. Also 1980-mal."

A.: „In Schritt 5 wurden 23 Datensätze der Tabelle SERVICE_AGREEMENT (Alias SA) ermittelt. Im nächsten Schritt ist die Kardinalität nach dem Join mit der Tabelle SOC auf 1980 angewachsen. Der darauffolgende Outer-Join hat diese Treffermenge nicht geändert. Wichtig für uns ist die Tatsache, dass diese Treffermenge lediglich 23 oder sogar weniger Datensätze mit verschiedenen Werten von SA.SUBSCRIBER_NO, SA.BAN, SA.EXPIRATION_DATE, SA.SOC enthält. Gerade diese Werte werden im 1. Subquery abgefragt (s. die Schritte 14 und 15). Ich vermute, dass Oracle hier eine Art von Subquery-Caching verwendet und dadurch die Anzahl der Ausführungen dieser Subquery optimiert bzw. auf 23 reduziert hat. In [2] nennt man das Filter-Optimization. Diese Optimierung besprechen wir später. Ich habe aber noch eine Besonderheit in der 2. Subquery bemerkt."

P.: „Welche denn? Mir fällt nichts mehr auf."

A.: „Im Ausführungsplan in Abb. 9.1 wurde die View VW_SQ_2, die der 2. Subquery entspricht, 1980-mal ausgeführt (s. Schritt 13). Dort wurden lediglich 23 Datensätze ermittelt."

P.: „Ist diese Subquery so selektiv?"

A.: „Ich habe vermutet, dass die Ursache eine andere ist. Die Funktion DECODE, deren Ergebnis mit dem Subquery in der SQL-Anweisung verglichen wird, liefert einen Null-Wert zurück, wenn sich der Wert der Spalte TARGET_TARIFF von 0,1,2 unterscheidet."

P.: „Das verstehe ich nicht ganz."

A.: „In dieser Funktion fehlt eine ‚ELSE'-Bedingung. Dieses einfache Beispiel zeigt das:

```
SQL> select nvl(decode(dummy,'A','a','B','b'),'NULL') from dual;

NVL(
----
NULL
```

Ich habe vermutet (und eine direkte Prüfung hat das bestätigt), dass das Ergebnis der Funktion DECODE überwiegend aus Null-Werten bestand. Bei einem Null-Wert kann man sich die Ausführung der Subquery ersparen, weil eine Gleichheitsbedingung für einen Null-Wert immer falsch ist. Oracle verwendet solche Optimierungen für Subqueries. Eine ähnliche Optimierung gibt es auch für Joins. Diese Optimierungen (nennen wir sie Filter ‚IS NOT NULL') besprechen wir in Details etwas später."

P.: „Warum hat Oracle diese Optimierung im ersten Ausführungsplan, also bei Nested Loop Join, nicht angewendet?"

A.: „Das ist eine berechtigte Frage. Im Moment wissen wir aber zu wenig, um diese Frage beantworten zu können. Zunächst müssen wir diese Optimierung unter die Lupe nehmen. Das werden wir noch tun. Erst danach bekommst du eine Antwort."

P.: „Wie hat dir die Tatsache geholfen, dass die DECODE-Funktion meistens Null-Werte zurückliefert?"

A.: „Ich habe die SQL-Anweisung um eine zusätzliche Bedingung erweitert, in der gefordert wurde, dass das Ergebnis der DECODE-Funktion ‚not null' sein muss:

```
SELECT
    FROM      SERVICE_AGREEMENT SA,SOC ,PROMOTION_TERMS PRMT
    WHERE     SA.BAN = 116
    AND       SA.SUBSCRIBER_NO = 'XXXXXXXXXXXX'
    AND       SA.EXPIRATION_DATE <= TO_DATE('20150102', 'YYYYMMDD')
    AND       SA.SOC_SEQ_NO = (SELECT --+ index(SA2 SERVICE_AGREEMENT_PK)
                    MAX(SA2.SOC_SEQ_NO)
                    FROM    SERVICE_AGREEMENT SA2
                    WHERE   SA2.BAN = SA.BAN
                    AND     SA2.SUBSCRIBER_NO = SA.SUBSCRIBER_NO
                    AND     SA2.SOC = SA.SOC
                    AND     SA2.EXPIRATION_DATE = SA.EXPIRATION_DATE)
    AND       SA.SOC = SOC.SOC
    AND       SA.TARIFF_OPTION IN ('VF_FUN_10', '000000000')
    AND       DECODE(RTRIM(SOC.TARGET_TARIFF),
              RTRIM('VF_FUN_10'), 0,
              RTRIM('VF_FUN'), 1,
              'ALLTO', 2) = (SELECT --+ index(S SOC_PK)
                    MIN(DECODE(RTRIM(S.TARGET_TARIFF),
                          RTRIM('VF_FUN_10'), 0,
                          RTRIM('VF_FUN'), 1,
                          'ALLTO', 2))
                    FROM  SOC S
                    WHERE S.SOC = SOC.SOC
                    AND   '20150102' >= TO_CHAR(S.EFFECTIVE_DATE, 'YYYYMMDD')
                    AND   TO_DATE('20150102', 'YYYYMMDD') < NVL(S.EXPIRATION_DATE,
TO_DATE('47001231', 'YYYYMMDD')))
    AND       '20150102' >= TO_CHAR(SOC.EFFECTIVE_DATE, 'YYYYMMDD')
    AND       TO_DATE('20150102', 'YYYYMMDD') < NVL(SOC.EXPIRATION_DATE, TO_DATE('47001231',
'YYYYMMDD'))
    AND       PRMT.SOC(+) = SOC.SOC
    AND       PRMT.SOC(+) = SOC.SOC
    AND       PRMT.TARGET_TARIFF(+) = SOC.TARGET_TARIFF
    AND       PRMT.EFFECTIVE_DATE(+) = SOC.EFFECTIVE_DATE
AND DECODE(RTRIM(SOC.TARGET_TARIFF),
            RTRIM('VF_FUN_10'), 0,
            RTRIM('VF_FUN'), 1,
            'ALLTO', 2) is not null
    ORDER BY DECODE(SA.SERVICE_TYPE,
              'P', 1,
              'M', 2, 3),
    SA.EFFECTIVE_DATE;
```

Der jeweilige Ausführungsplan ist dann fast genauso schnell wie der ‚gute' Plan in Abb. 9.2 geworden (Abb. 9.3):"

P.: „Hat man diese Lösung implementiert?"

A.: „Nein. Es gab zu viele SQL-Anweisungen dieser Art, was eine große Code-Änderung verursacht hätte."

P.: „Wie wurde denn dieses Problem gelöst?"

A.: „Das Tracing mit dem Event 10053 hat gezeigt, dass Oracle bei 10.2.0.5 gar nicht versucht hat, die Subqueries in Inline-Views zu transformieren und die jeweiligen Join-Prädikate in diese Inline-Views zu schieben. Dies hat mich auf die Idee gebracht zu schauen, was in Oracle 11 an dieser Stelle geändert wurde. Sehr schnell habe ich gefunden, dass Oracle Join-Prädikate in die Subqueries mit DISTINCT, GROUP BY etc. erst ab 11.1.0.6 schieben kann. Da unsere beiden Subqueries Aggregationen enthalten (Funktionen MIN und MAX), sollte diese Neuerung auch für sie gelten. Das habe ich sofort mit der Parametereinstellung "_optimizer_extend_jppd_view_types"=false verifiziert, die dieses

Id	Operation	Name	Starts	E-Rows	A-Rows	A-Time
0	SELECT STATEMENT		1		23	00:00:00.08
1	SORT ORDER BY		1	1	23	00:00:00.08
2	NESTED LOOPS		1	1	23	00:00:00.08
3	NESTED LOOPS		1	1	23	00:00:00.08
4	NESTED LOOPS OUTER		1	1	25	00:00:00.03
5	NESTED LOOPS		1	1	25	00:00:00.03
6	PARTITION RANGE SINGLE		1	1	23	00:00:00.01
* 7	TABLE ACCESS BY LOCAL INDEX ROWID	SERVICE_AGREEMENT	1	1	23	00:00:00.01
* 8	INDEX RANGE SCAN	SERVICE_AGREEMENT_3IX	1	1	36	00:00:00.01
* 9	MAT_VIEW ACCESS BY INDEX ROWID	SOC	23	1	25	00:00:00.03
* 10	INDEX RANGE SCAN	SOC_99IX	23	18	9811	00:00:00.01
11	MAT_VIEW ACCESS BY INDEX ROWID	PROMOTION_TERMS	25	1	0	00:00:00.01
* 12	INDEX UNIQUE SCAN	PROMOTION_TERMS_PK	25	1	0	00:00:00.01
* 13	VIEW PUSHED PREDICATE	VW_SQ_2	25	1	23	00:00:00.05
* 14	FILTER		25		25	00:00:00.05
15	SORT AGGREGATE		25	1	25	00:00:00.05
* 16	MAT_VIEW ACCESS BY INDEX ROWID	SOC	25	1	2178	00:00:00.05
* 17	INDEX RANGE SCAN	SOC_PK	25	1	11065	00:00:00.02
* 18	VIEW PUSHED PREDICATE	VW_SQ_1	23	1	23	00:00:00.01
* 19	FILTER		23		23	00:00:00.01
20	SORT AGGREGATE		23	1	23	00:00:00.01
* 21	FILTER		23		23	00:00:00.01
22	PARTITION RANGE SINGLE		23	1	23	00:00:00.01
* 23	TABLE ACCESS BY LOCAL INDEX ROWID	SERVICE_AGREEMENT	23	1	23	00:00:00.01
* 24	INDEX RANGE SCAN	SERVICE_AGREEMENT_PK	23	1	36	00:00:00.01

Abb. 9.3 Eine zusätzliche Bedingung „is not null" verbesserte den Ausführungsplan

Oracle-Feature außer Kraft setzt. Oracle hat mit dieser Parametereinstellung den alten Plan von 10.2.0.5 generiert. Gerade dieser Workaround wurde implementiert."

P.: „Du sagtest, dass dieses Beispiel zeigt, dass die formale Methode eingeschränkt ist. Wo denn?"

A.: „Kehren wir zum suboptimalen Ausführungsplan in Abb. 9.1 zurück. Das formale SQL-Tuning hilft uns, den problematischen Ausführungsplanschritt 17 mit der größten Kardinalität festzustellen. Diese Kardinalität ist so groß, weil dieser Schritt 1980-mal ausgeführt wird. Dies verursacht die Kardinalität von 1980 in Schritt 4. Wie man die Laufzeit dieser SQL-Anweisung von 7 auf 0,07 s verbessern kann, sagt uns die formale Methode nicht. Im besten Fall kann man merken, dass die Treffermenge in Schritt 4 durch eine zusätzliche Bedingung ‚is not null' reduziert werden kann."

P.: „Wo siehst du hier eine Eingrenzung?"

A.: „Das formale Tuning versucht, den bestehenden Ausführungsplan zu verbessern. Es berücksichtigt keine Transformationen und Optimierungen, die zu einem ganz anderen Ausführungsplan führen können. Wohl bemerkt ist es problematisch, das formale Tuning entsprechend zu erweitern. Ich muss aber auch sagen, dass die Fälle, bei denen Transformationen und Optimierungen eine für das Tuning entscheidende Rolle spielen, in der Praxis relativ selten vorkommen. Ich glaube, wir können jetzt die beiden Optimierungen Subquery-Caching und Filter ‚IS NOT NULL' tiefer untersuchen. Dafür nutzen wir das Skript test_case_subquery_caching_filter_is_not_null.sql, das du, Peter, auf der Seite www.tutool.de/book herunterladen kannst. Dort befinden sich auch alle Test-Cases zu [1]. In diesem Test-Case werden drei Tabellen (T1, T2 und T3) ange-

```
select count(*) from t1 where decode(t1.b,1,-1,2,-2,-100) = (select /*+
no_unnest */ max(decode(t2.b,10,-1,15,-2)) from t2 where t2.a=t1.a) or
t1.c = (select /*+ no_unnest index(t3) */ max(t3.b) from t3 where
t3.a=t1.c)
```

Plan hash value: 1147310957

Id	Operation	Name	Starts	E-Rows	A-Rows	A-Time
0	SELECT STATEMENT		1		1	00:00:00.03
1	SORT AGGREGATE		1	1	1	00:00:00.03
* 2	FILTER		1		440	00:00:00.03
3	TABLE ACCESS FULL	T1	1	1000	1000	00:00:00.01
4	SORT AGGREGATE		70	1	70	00:00:00.01
5	TABLE ACCESS BY INDEX ROWID	T3	70	33	1000	00:00:00.01
* 6	INDEX RANGE SCAN	I_T3	70	33	1000	00:00:00.01
7	SORT AGGREGATE		20	1	20	00:00:00.01
8	TABLE ACCESS BY INDEX ROWID	T2	20	25	500	00:00:00.01
* 9	INDEX RANGE SCAN	I_T2	20	25	500	00:00:00.01

Abb. 9.4 Subquery-Caching (Filter-Optimierung)

legt und mit Daten gefüllt. Es werden keine Spalten-Statistiken erzeugt. Der erste Test demonstriert Subquery-Caching (Abb. 9.4).

Peter, du hast sicherlich bereits bemerkt, dass die Funktion decode(t1.b,1,-1,2,-2,-100) keine Null-Werte zurückliefert. Ich habe das speziell getan, damit lediglich eine Optimierung (nämlich Subquery-Caching) angewendet wird. Kannst du erklären, warum die Subqueries jeweils 70 und 20-mal ausgeführt wurden, obwohl 1000 Datensätze in Schritt 3 ermittelt wurden? "

P.: „Die beiden Subqueries korrelieren mit der Hauptanfrage. Ich vermute, dass die Tabelle T1 nur 70 unterschiedliche Werte in der Spalte C und 20 unterschiedliche Werte in der Spalte A hat. Oracle speichert Ergebnisse dieser zwei Subqueries für die unterschiedlichen Werte jeweils der Spalten C und A im Subquery-Cache. Erst wenn das jeweilige Ergebnis im Subquery-Cache fehlt, wird die Subquery ausgeführt."

A.: „Deine Vermutung ist richtig:

```
SQL> select count(distinct c) from t1;

COUNT(DISTINCTC)
----------------
              70

SQL> select count(distinct a) from t1;

COUNT(DISTINCTA)
----------------
              20
```

Ich muss aber sagen, dass Oracle einen Hash-Algorithmus für Subquery-Caching verwendet (s. in [2]). Wenn Hash-Kollisionen auftreten, wird die jeweilige Subquery häufiger ausgeführt. Die Größe des Subquery-Cache bestimmt der Parameter "_query_execution_cache_max_size". Schalten wir Subquery-Caching mit der Parametereinstellung "_query_execution_cache_max_size"=0 aus:

```
select count(*) from t1 where decode(t1.b,1,-1,2,-2,-100) = (select /*+
no_unnest index(t2) */ max(decode(t2.b,10,-1,15,-2)) from t2 where
t2.a=t1.a) or t1.c =  (select /*+ no_unnest index(t3) */ max(t3.b) from
t3 where t3.a=t1.c)

Plan hash value: 1147310957
```

Id	Operation	Name	Starts	E-Rows	A-Rows	A-Time
0	SELECT STATEMENT		1		1	00:00:00.46
1	SORT AGGREGATE		1	1	1	00:00:00.46
* 2	FILTER		1		440	00:00:00.46
3	TABLE ACCESS FULL	T1	1	1000	1000	00:00:00.01
4	SORT AGGREGATE		1000	1	1000	00:00:00.26
5	TABLE ACCESS BY INDEX ROWID	T3	1000	33	14670	00:00:00.21
* 6	INDEX RANGE SCAN	I_T3	1000	33	14670	00:00:00.11
7	SORT AGGREGATE		560	1	560	00:00:00.18
8	TABLE ACCESS BY INDEX ROWID	T2	560	25	14000	00:00:00.14
* 9	INDEX RANGE SCAN	I_T2	560	25	14000	00:00:00.05

Abb. 9.5 Subquery-Caching (Filter-Optimierung) ist nicht aktiv

```
SQL> alter session set "_query_execution_cache_max_size"=0;

Session altered.
```

Danach führen wir nochmals die SQL-Anweisung aus (Abb. 9.5):"

P.: „Ich verstehe nicht, warum die Subqueries unterschiedlich oft ausgeführt wurden."

A.: „Im Unterschied zu unserem Fall aus der Praxis werden hier die Subqueries mit dem Operator OR miteinander verknüpft. Es macht also Sinn, die zweite Subquery lediglich für die Datensätze auszuführen, für welche die erste Subquery kein Ergebnis bringt:"

```
SQL> select count(*) from t1 where not exists (select /*+ no_unnest index(t3) */ * from t3 where
t3.a=t1.c);

COUNT(*)
----------

    560
```

P.: „Wieder mal eine kleine Optimierung!"

A.: „Jetzt untersuchen wir die Optimierung Filter ‚IS NOT NULL'. Dafür ändern wir die Funktion DECODE, sodass sie Null-Werte zurückliefert (Abb. 9.6)."

P.: „Beim besten Willen verstehe ich nicht, woher die Zahl 24 kommt."

A.: „Das ist sehr einfach. Subquery-Caching ist ausgeschaltet. Dann muss Oracle hier lediglich die Optimierung Filter ‚IS NOT NULL' anwenden. Das bedeutet, dass die Subquery aus der Tabelle T2 für alle Datensätze ausgeführt wird, für die die Subquery aus der Tabelle T3 kein Ergebnis zurückliefert und für die die Funktion decode(t1.b,1,-1,2,-2) ‚not null' ist:"

```
SQL> select count(*) from t1 where not exists (select /*+ no_unnest index(t3) */ * from t3 where
t3.a=t1.c) and decode(t1.b,1,-1,2,-2) is not null;

COUNT(*)
----------
    24
```

```
select count(*) from t1 where decode(t1.b,1,-1,2,-2) = (select /*+
no_unnest index(t2) */ max(decode(t2.b,1,-1,2,-2)) from t2 where
t2.a=t1.a) or t1.c = (select /*+ no_unnest index(t3) */ max(t3.b) from
t3 where t3.a=t1.c)
```

Plan hash value: 1147310957

Id	Operation	Name	Starts	E-Rows	A-Rows	A-Time
0	SELECT STATEMENT		1		1	00:00:00.20
1	SORT AGGREGATE		1	1	1	00:00:00.20
* 2	FILTER		1		452	00:00:00.20
3	TABLE ACCESS FULL	T1	1	1000	1000	00:00:00.01
4	SORT AGGREGATE		1000	1	1000	00:00:00.18
5	TABLE ACCESS BY INDEX ROWID	T3	1000	33	14670	00:00:00.13
* 6	INDEX RANGE SCAN	I_T3	1000	33	14670	00:00:00.05
7	SORT AGGREGATE		24	1	24	00:00:00.01
8	TABLE ACCESS BY INDEX ROWID	T2	24	25	600	00:00:00.01
* 9	INDEX RANGE SCAN	I_T2	24	25	600	00:00:00.01

Predicate Information (identified by operation id):

```
2 - filter((("T1"."C"= OR DECODE("T1"."B",1,(-1),2,(-2))=))
6 - access("T3"."A"=:B1)
9 - access("T2"."A"=:B1)
```

Abb. 9.6 Optimierung FILTER „IS NOT NULL" für Subquery

Id	Operation	Name	Starts	E-Rows	A-Rows	A-Time
0	SELECT STATEMENT		1		1	00:00:00.17
1	SORT AGGREGATE		1	1	1	00:00:00.17
2	NESTED LOOPS		1	1	8	00:00:00.17
3	NESTED LOOPS		1	6	440	00:00:00.02
4	VIEW	VW_SQ_2	1	30	30	00:00:00.01
5	HASH GROUP BY		1	30	30	00:00:00.01
6	TABLE ACCESS FULL	T3	1	1000	1000	00:00:00.01
* 7	TABLE ACCESS FULL	T1	30	1	440	00:00:00.01
* 8	VIEW PUSHED PREDICATE	VW_SQ_1	440	1	8	00:00:00.15
* 9	FILTER		440		440	00:00:00.15
10	SORT AGGREGATE		440	1	440	00:00:00.14
11	TABLE ACCESS BY INDEX ROWID	T2	440	25	11000	00:00:00.11
* 12	INDEX RANGE SCAN	I_T2	440	25	11000	00:00:00.04

Predicate Information (identified by operation id):

```
7 - filter(("T1"."C"="MAX(T3.B)" AND "ITEM_2"="T1"."C"))
8 - filter("MAX(DECODE(T2.B,1,-1,2,-2))"=DECODE("T1"."B",1,(-1),2,(-2)))
9 - filter(COUNT(*)>0)
12 - access("T2"."A"="T1"."A")
```

Abb. 9.7 Optimierung FILTER „IS NOT NULL" für Joins wird nicht angewendet

P.: „Das hätte ich selber erraten müssen. Ich merke: Obwohl der Filter ‚IS NOT NULL'
angewendet wird, taucht er nicht in den Prädikaten auf. Dies erschwert die Analyse."

A.: „Stimmt. Wichtig für uns ist es, dass Oracle die Optimierung Filter ‚IS NOT NULL' für
Subqueries immer anwendet, auch dann, wenn die jeweiligen Tabellen keine Optimizer-Statistiken haben (wie in unserem Test-Case). Jetzt betrachten wir die Optimierung
Filter ‚IS NOT NULL' für Joins. Dafür zwingen wir Oracle, die Subqueries in Inline-
Views zu transformieren. Im Test-Case benutzen wir Outlines, damit Oracle immer
denselben Ausführungsplan generiert (so ist es einfacher, die Test-Ergebnisse miteinander zu vergleichen). Da der SQL-Text mit den Outlines sehr groß ist, wird hier lediglich
der jeweilige Ausführungsplan präsentiert (Abb. 9.7)."

Id	Operation	Name	Starts	E-Rows	A-Rows	A-Time
0	SELECT STATEMENT		1		1	00:00:00.02
1	SORT AGGREGATE		1	1	1	00:00:00.02
2	NESTED LOOPS		1	1	8	00:00:00.02
3	NESTED LOOPS		1	1	16	00:00:00.02
4	VIEW	VW_SQ_2	1	30	30	00:00:00.01
5	HASH GROUP BY		1	30	30	00:00:00.01
6	TABLE ACCESS FULL	T3	1	1000	1000	00:00:00.01
* 7	TABLE ACCESS FULL	T1	30	1	16	00:00:00.01
* 8	VIEW PUSHED PREDICATE	VW_SQ_1	16	1	8	00:00:00.01
* 9	FILTER		16		16	00:00:00.01
10	SORT AGGREGATE		16	1	16	00:00:00.01
11	TABLE ACCESS BY INDEX ROWID	T2	16	25	400	00:00:00.01
* 12	INDEX RANGE SCAN	I_T2	16	25	400	00:00:00.01

```
Predicate Information (identified by operation id):
---------------------------------------------------

   7 - filter((DECODE("B",1,(-1),2,(-2)) IS NOT NULL AND "T1"."C"="MAX(T3.B)" AND
"ITEM_2"="T1"."C"))
   8 - filter(DECODE("B",1,(-1),2,(-2))="MAX(DECODE(T2.B,1,-1,2,-2))")
   9 - filter(COUNT(*)>0)

  12 - access("T2"."A"="T1"."A")
```

Abb. 9.8 Optimierung FILTER „IS NOT NULL" für Joins wird mit den erweiterten Optimizer-Statistiken angewendet

P.: „Ich sehe keine Spuren von dieser Optimierung."

A.: „Ganz genau. Das passiert, weil Oracle zunächst einschätzt, ob sich diese Optimierung lohnt. Dies macht er anhand der Spaltenstatistik NUM_NULLS. Laut [3] wird die Optimierung Filter ‚IS NOT NULL' bei Nested Loop Join angewendet, wenn der Anteil der Datensätze mit Null-Werten in der jeweiligen Spalte mehr als 5 % beträgt. Das ist übrigens die Antwort auf die Frage, welche du oben gestellt hast."

P.: „Welche Spalte meinst du?"

A.: „In unserem Fall ist das die Funktion DECODE("T1"."B",1,(-1),2,(-2)). Erstellen wir die erweiterten Statistiken (extended statistics) für diese Funktion:

```
SQL> col ext new_value ext
SQL> select dbms_stats.create_extended_stats(null,'T1','(decode(t1.b,1,-1,2,-2))') ext from dual;

EXT
----------------------------------------------------------------
SYS_STU_GXO4ZZKOWJIU3MQ2G$$69D

SQL> exec dbms_stats.gather_table_stats(user,'T1', method_opt=>'for columns "&ext" size 254',
no_invalidate=>false)

PL/SQL procedure successfully completed.
```

Wenn wir nochmals unsere SQL-Anweisung ausführen, sehen wir, dass die Optimierung ihre Wirkung zeigt (Abb. 9.8)."

P.: „Ich merke, dass Oracle das Prädikat ‚DECODE("B",1,(-1),2,(-2)) IS NOT NULL' für den Filter in Schritt 7 generiert. Man kann also diese Optimierung dadurch erkennen. Schade, dass das für Subqueries nicht der Fall ist. Hätten die erweiterten Statistiken das Performanz-Problem nach der Oracle-Migration auch beseitigt?"

A.: „Ja, sie hätten geholfen."

Literatur

1. Nossov L (2014) Performance Tuning für Oracle-Datenbanken. Methoden aus der Praxis für die Praxis. Springer, Berlin
2. Lewis J (2006) Cost-based oracle fundamentals. Apress, New York
3. Anokhin A (2013) Unique oracle stories. Filter IS NOT NULL. https://alexanderanokhin.word-press.com/2013/11/16/filter-is-not-null/. Zugegriffen 18. Jan. 2015
4. Meade K (2014) Oracle SQL performance tuning and optimization. It's all about the cardinalities (Edition: self edition). CreateSpace Independent Publishing Platform, North Charleston

© Springer-Verlag Berlin Heidelberg 2016
L. Nossov et al., *Formales SQL-Tuning für Oracle-Datenbanken*, Xpert.press,
DOI 10.1007/978-3-662-45292-9

Printed in the United States
By Bookmasters